Dein Augenblick

MALLORCA

Die Qualität eines Augenblicks hängt vom Blickwinkel ab. Wir zeigen dir Aussichten, für die sich der Anstieg lohnt, und verraten, wo du die besten Ansichten auf Mallorca erlebst.

Legende

1

Port d'Andratx – Sant Elm

Diese Tour im Südwesten Mallorcas bietet den perfekten Einstieg in die „Wanderwunderwelt" der Mittelmeerinsel. **Seite 28**

Der s'Esclop von Norden

Nur bei Schönwetter, bitte! Die Mola de s'Esclop ist einer der wilderen Berge Mallorcas.
Seite 34

Vom Gebirge zum Meer

Das „Goldene Tal" von Sóller steht in der Gunst der Wandernden ganz hoch oben – zu Recht!
Seite 40

Von Deià nach Port de Sóller

Dies ist einer der „Wander-Klassiker", den man einfach erlebt haben muss. **Seite 46**

Ins schönste Dorf Spaniens: Mirador de ses Barques – Fornalutx

Highlights am laufenden Band mit geschnürten Wanderschuhen! **Seite 52**

In den Barranc de Biniaraix

Auf uralten Pilgerwegen erkunden wir eine der größten Schluchten der Insel. **Seite 58**

Orient: Katarakte im Waldgebirge

Wasser ist ja Mangelware auf der Insel – nicht aber hier im Gebirge, zumindest nicht nach Regen. **Seite 64**

Rund um das Santuari de Lluc

In den heiligen Hainen rund um das wichtigste Heiligtum Mallorcas findet man auch ganz profane Naturwunder. **Seite 82**

Puig de sa Creu – Talaia Freda

Pfadfinder willkommen: Auf der Halbinsel Llevant will so manche Route mit Adlerblick erkundet werden. **Seite 88**

Zum Castell d'Alaró
Geschichte hautnah und dazu eine Aussicht über die halbe Insel: Was will man mehr?
Seite 70

Auf nach Sa Calobra
Noch ein „Wander-Klassiker". Noch dazu einer, der sich mit einer Schifffahrt kombinieren lässt.
Seite 76

Talaia Vella – Cavall Bernat
Dolomiten im Mittelmeer? Der große Felsen über der Cala Sant Vicenç lässt es uns fast glauben. **Seite 94**

Serra des Cornavaques
„Malle" ist überlaufen? Hier nicht. Und einen Blick auf das sagenumwobene, abgeriegelte Castell del Rei gibt's obendrein. **Seite 100**

14

Val de Bóquer
Kurz, landschaftlich großartig und manchmal voller schräger Vögel, die mit Fernrohren seltene Vögel beobachten. **Seite 106**

15

Cala en Gossalba – El Fumat
Auf der Halbinsel Formentor lässt sichs auch trefflich wandern – wenn man trittsicher ist. **Seite 112**

18

Randa – Cura
Auf zum Philospohen Ramon Llull und seinen Nachfolgern, die heute noch auf diesem Inselberg Gott die Ehre erweisen. **Seite 132**

19

Son Real – zur „Totenstadt" am Meer
Hier erbaute man auch den Toten eine Stadt – vor Urzeiten, als die Punier die Insel besiedelten. **Seite 138**

Palma – durch die Altstadt

Tipps für Stadtstreicher: Mallorcas Metropole Palma ist wunderschön und erstaunlich untouristisch. **Seite 120**

Zum Balneario 6

Ein Schlendertour zu dem Strandabschnitt, der für den fragwürdigen Ruf der Insel sorgt. **Seite 126**

Ermita de Betlem – Sa Coassa

Auch wenn nicht gerade Weihnachten ist, lohnt sich ein Trip nach Betlehem, auch auf Mallorca, wo ein entlegenes Kloster dieses Namens besteht. **Seite 144**

Zur Punta des Caló

Am Fuße der Serres de Llevant gehen wir bis ans Ende der Bucht von Alcudia, zur Punta des Caló. **Seite 150**

Artá

Eine Stadtrunde zu Mandelbäumen und zur Kirche Sant Salvador, die einen herrlichen Rundblick bietet. **Seite 156**

Die „verlorenen Strände"

Von Strand zu Strand – einsam und oft ohne Wegzeichen, daher nur für erfahrene Küstenwanderer! **Seite 162**

Castell de n'Amer

Eine kleine Halbinsel zwischen zwei Ostküsten-Ferienorten verspricht viel Naturerlebnis und etliche stille Ecken. **Seite 174**

Cala Varques – Cala Magraner

Mallorcas Ostküste weist nicht nur ausgebaute Ferienparadiese, sondern auch wilde Natur und schroffe Küstenfelsen auf. **Seite 180**

24

Zur Talaia de Son Jaumell

Von diesem Wachturm ist nur noch die Hälfte übrig, das Rundpanorama ist aber noch ganz zu genießen. **Seite 168**

27

Cala S'Almunia – Caló des Màrmols

Ein paar Fischerhäuser, die es auf viele Kalenderbilder und natürlich auch auf Instagram geschafft haben, dazu eine grüne Wildnis oder der Blick übers Meer. **Seite 188**

28

29

Der berühmte Sandstrand Es Trenc

Mallorcas berühmtester Sandstrand: Ein Hauch von Karibik mit viel Salz im Hinterland.
Seite 200

30

Zur „Schneckenbucht" am Südkap

Mallorcas steiniger Südpol ist eine ganz spezielle Landschaft, in der auch Badenixen und Strandläufer auf ihre Kosten kommen. **Seite 194**

Von der Cala Pi zum Cap Blanc

Fjorde auf einer Mittelmeerinsel? Jedenfalls schufen Flüsse hier ausgetrocknete Täler und ausgewaschene Felsbuchten. **Seite 206**

MALLORCA

Deine 30 Touren auf der größten
Baleareninsel.

9

10
Lluc

3
Port de Sóller

4
5
6

Sóller
Deià

Caimari

Serra de Tramuntana

7
8

Valldemossa

Lloseta
Alaró

Binissale

Banyalbufar

Bunyola

Consell

2

Palmanyola

Santa María
del Camí

Puigpunyent

Portol

Santa
Eugènia

Establiments

Andratx

Son Rapinya

16

PALMA
de Mallorca

ant Elm

1

Calvià

Cala Major

17

Peguera

Can Pastilla

Santa Ponça

Palmanova
Magaluf

s'Arenal

Ranc

El Toro
Portals Vells

Badia de Palma

30
Cala Pi

sa

Ensenada de sa Ràp

Colònia de Sa

Moderne Seilschaft

Es sind aufstrebende Fotografinnen und Fotografen, die dich gemeinsam mit versierten Bergsteigern an dein Ziel führen. Erfahrung und Tatendrang treffen sich mit der gemeinsamen Sehnsucht nach den beeindruckendsten Augenblicken auf Mallorca

Makeila Lundy

Wilma Pols

Makeila Lundy kommt ursprünglich aus Oregon, dem neuntgrößten Staat der USA. Schon immer verbrachte sie ihre Freizeit bevorzugt draußen mit FreundInnen und ihrem Hund. Im Laufe der Zeit verlagerte sich ihr Fokus von den Naturwundern Oregons auf weiter entfernte Länder und Landschaften.

Erfahrung zählt, Leidenschaft besteht

Hand in Hand mit dieser neu entfachten Reiselust erwachte auch ihr tiefes Interesse für die Fotografie. Dank dieser Leidenschaft hält sie unzählige einzigartige Momente, Regionen und Kulturen mit ihrer Kamera fest.

Wilma Pols ist in den Niederlanden geboren, lebt seit ihrer Jugend im Münsterland und beschreibt sich selbst als detailverliebt, kreativ, naturliebend und feinsinnig. Sie mag das Meer und die Berge – und sie hat ständig Fernweh. Die Leidenschaft fürs Fotografieren wurde ihr über ihren Vater und ihren Großvater mit in die Wiege gelegt: Beide waren leidenschaftliche Fotografen. Nach ihrem ersten Mallorca-Urlaub war ihr klar, dass diese Insel Besseres verdient hat als ihren Ruf! Mit ihren Fotos zeigt sie die Insel ihren zahlreichen Fans auf Facebook (Mallorcafotowerk) und natürlich auch auf Instagram so, wie sie sie kennengelernt hat: wunderschön, still und leise, mit atemberaubenden Naturlandschaften, malerischen Bergdörfern, spektakulären Naturkulissen und einsamen Buchten. Ihr Fazit: „Vergesst bei allen schönen Fotomotiven niemals die zauberhafte Natur, die uns gegeben wurde, um sie zu genießen, denn sie ist Balsam für unsere Seele!"

Thomas Kargl

Wolfgang Heitzmann

Thomas Kargl ist bei KOMPASS für das Marketing zuständig und hat die erfolgreiche Reihe „Dein Augenblick" gemeinsam mit Fabian Künzel, Roman Huber und Wolfgang Heitzmann auf die Beine gestellt. „Die Zusammenarbeit mit so begeisterten Kollegen hat mich dazu motiviert, selbst Bilder von meinen Touren beizusteuern." Sein Tipp: Schieße Fotos in erster Linie für dich selbst. Momente, die man festhält, sind Momente, an die man sich intensiver erinnert – so sein Zugang zum Fotografieren. Thomas ist 1987 geboren und kommt eigentlich vom Wellenreiten und vom Windsurfen.

Schon seit 40 Jahren ist **Wolfgang Heitzmann** im Gebirge unterwegs. Als Tourismusberater war er in vielen europäischen Urlaubsregionen tätig, entwickelte überregionale Kulturprojekte und realisierte zahlreiche Themenwege. Durch sein Engagement für bedrohte Naturräume wurde er zum Mitbegründer des Nationalparks Kalkalpen in Oberösterreich. Heute lebt er in Tirol und arbeitet in der Verlagsbranche. Mit 80 eigenen Führern und Bildbänden über die Alpen, die Toskana und die Insel Mallorca zählt er zu den erfolgreichsten Outdoor-Autoren.

Jeder Augenblick wird mit dem Highlight der Tour vorgestellt. Bei der Vorstellung steht neben dem Fotografen der jeweiligen Tour auch sein Kürzel unter dem man ihn auf Instagram findet, so zum Beispiel: **@mallorcafotowerk**

Weitere Fotos in diesem Buch stammen von **Irina Mituca @irinamituca und Sebastian Weingart @wunderwaldphoto** Tourenbeschreibungen hat auch **Thomas Kargl** beigesteuert. Herzlichen Dank ihnen allen!

Deine Verantwortung

KOMPASS will dir mit diesem Wanderführer die Schönheit und Einzigartigkeit der Natur vor Augen führen. Hierfür wurden ganz besondere Orte ausgewählt. Sie gewähren dir einen atemberaubenden Blick auf die einzigartige Komposition aus natürlichen Strukturen und Elementen der jeweiligen Landschaft. Manchmal ist für das Auffinden der perfekten Perspektive ein Extraschritt auf schmalem Steig oder in weglosem Gelände erforderlich. Gerade hier gilt es sich eigenverantwortlich und respektvoll gegen-

Einen Moment für die Ewigkeit festzuhalten ist nichts wert, wenn wir die Natur für die Ewigkeit zerstören.

über der Natur und den Mitmenschen zu verhalten. Die Umwelt zu schützen und den eigenen Fußabdruck minimal zu halten ist Ehrensache.

Ehrensache

Respektiere die Berge, die Natur mit ihrer
Schönheit und die Gefahren.

Am Berg zählt das Miteinander. Gegenseitige Hilfe und
Gemeinschaft wiegen mehr als das perfekte Gipfelfoto.

Versuche mit öffentlichen Verkehrsmitteln oder mit dem Fahrrad anzureisen.

Gehe kein Risiko ein. Du willst deine Geschichten
schließlich noch erzählen können.

Nimm mehr Müll mit, als du auf die Berge bringst.
Beteilige dich am Schutz unserer Umwelt.

Hinterlasse keine Spuren. Das Ökosystem der Berge
ist fragil und erholt sich nur langsam.

„Plastik, Dosen und Papier,
sind den Bergen keine Zier.
Trägst du sie voller bis hierher,
trägst du sie heimwärts auch nicht schwer."

Deinen Augenblick festhalten

Fotografieren im Freien

Intention

Was will ich mit einem Bild ausdrücken oder festhalten? Zuerst sollte man sich überlegen, was man eigentlich als Ergebnis haben möchte. Danach sollte sich die Ausrüstung und der Bildaufbau richten. Es muss nicht gleich die komplette Profiausrüstung sein, um den Moment für die Ewigkeit einzufangen. Schon aus Gründen der Sicherheit sollte ein Handy mit am Berg sein. Die meisten Handykameras reichen für erste Fotoversuche vollkommen aus. Seit Bilder nicht erst aufwendig entwickelt werden müssen, kann man einfach drauflosschießen. Vor jedem Versuch sollte eine Überlegung und ein Bildkonzept stehen. Kennt man erst die Möglichkeiten und Grenzen seiner Kamera, sollte man an eine umfangreichere Ausrüstung denken. Denn jedes Objektiv, Stativ und jeder Filter hat auch sein Gewicht. Passend dazu gibt es auch einen Spruch, den man sich zu Herzen nehmen kann: „The best camera is the one that's with you" – „Die beste Kamera ist die, die man dabei hat."

Ausrüstung

Bei der Wahl der Ausrüstung muss sich jeder fragen, was er für ein Ergebnis erzielen will. Hier ein paar grundlegende Informationen: Ein Weitwinkel-Objektiv eignet sich gut für Panorama- und Landschaftsaufnahmen. Ein Objektiv mit einer klassischen Brennweite von 35 – 70 mm eignet sich, um Personen oder Ausschnitte einer Bergszene in den Vordergrund zu stellen. Die Grundregel für die Belichtungszeit ist mindestens die doppelte Brennweite. Wird der Wert unterschritten, kann ein Stativ hilfreich sein. Wenn man es etwas professioneller angehen möchte, sollte man sich auch Gedanken über die Bildbearbeitung machen. Eine Kamera, die im RAW-Format fotografieren kann, ist dann durchaus sinnvoll. In diesem Format werden nämlich deutlich mehr Bildinformationen gespeichert und dies ermöglicht eine feinere Bildbearbeitung mit der entsprechenden Software. Wichtig ist, dass du deine Ausrüstung kennst und beherrschst. Spiele mit den Einstellungen und Möglichkeiten deiner Kamera. Bevor du deine Ausrüstung für eine Tour packst, mach dir eine kleine Checkliste: Genügend Akku (Ersatzakku, Powerbank), genügend Speicherplatz (Ersatzkarten) und versichere dich, dass Akku und Speicherkarte auch wirklich in der Kamera sind.

Komposition und Bildaufbau

Neben dem gewählten Bildausschnitt und dem Motiv ist das Licht die alles entscheidende Komponente. Für ein gutes Foto heißt es zur richtigen Zeit am richtigen Ort zu sein. Bei vollem Sonnenschein ist mit Gegenlicht und harten Schatten zu rechnen. Wolken, Morgen- und Abendstimmungen eignen sich grundsätzlich besser. Plane deine Tour so, dass du trotzdem sicher zurückkommst und eventuell eine Stirnlampe dabei hast. Im Infokasten „Dein Moment für die Ewigkeit" verraten wir Tipps und Tricks wie man Spannung in Bilder bekommt und der Moment perfekt festgehalten wird. Die Kamera zeigt dir den Aufnahmestandort und die Blickrichtung.

Dein Moment für die Ewigkeit

Dein Mallorca

Landschaft, Geschichte, Infos

Wer auf Mallorca wandert, tut dies auf den Spuren von Römern, Puniern und Arabern, auf Wegen von Fischern und Bauern, von Gutsherrn, Piraten, Schmugglern und Soldaten und sogar von Schneesammlern. So haben wir versucht, auch auf Europas beliebtester Ferieninsel unvergessliche Augenblicke auf besonderen Fotos festzuhalten und dazu Wegbeschreibungen zusammenzustellen, die euch zu ebensolchen verhelfen.

Allerdings: Wandern auf Mallorca – das ist etwas anderes als Wandern in Mitteleuropa oder in den Alpen, wo viele Wege und Pfade markiert sind. Hier auf der Roqueta, dem kleinen Felsen, wie die Einheimischen ihr kleines Paradies im Mittelmeer liebevoll

Das sollten wir beherzigen, ebenso wie ein paar Regeln: Abseits der Strände feste Wanderschuhe und lange Hosen tragen, denn der Boden ist oft schroff zerklüftet und im schneidend scharfen Dissgras sind nackte Beine rasch blutig. Sonnencreme und Sonnenhut nicht vergessen. Eine kleine Tourenapotheke, Reservekleidung und vor allem genug zu Trinken in den Rucksack packen – und eine Trillerpfeife, denn nicht überall gibt's Handyempfang (Bergrettung = Feuerwehr, Tel. 085, europäischer Notruf Tel. 112).

Und dann wäre noch daran zu denken, dass die so bequemen (und immer noch viel zu billigen) Flüge nach „Malle" das Klima und damit die Zukunft unserer

Das Licht von Mallorca ist getränkt in reiner Poesie.

Joan Miro (1893–1983)

nennen, gibt's zwar auch signalisierte Routen, aber noch viel mehr Pfadspuren, die man sich im Küstenbereich, durch hüfthohes Gras oder über felsige Bergkämme erst mal suchen muss, weil sie bloß mit ein paar Steinmännchen gekennzeichnet wurden. Das schätzen mallorquinische Outdoorfans durchaus. Bei ihnen soll die Natur auch Natur bleiben.

Nachkommen ruinieren. Es dauert zwar länger, aber die Bahn (Schlafwagen!) fährt auch nach Barcelona, wo Schiffe nach Palma de Mallorca ablegen. Wäre das nicht eine stilvolle Art der An- und Rückreise, mit einem finalen Blick auf die Kathedrale, wie sie über dem Hafen der Inselhauptstadt erscheint?

Dein Augenblick

Tourenbeschreibungen

1 Promi-Panorama

Westlich des Promi-Hotspots Port d'Andratx zeigt sich die Landschaft karg und kahl. Sie bietet jedoch traumhaft schöne Ausblicke zur Bucht von Sant Elm, auf die Insel Sa Dragonera und natürlich hinüber zu den Gipfeln der südlichen Tramuntana.

Bilder von: Irina Mituca @irinamituca

Port d'Andratx – Sant Elm

Tourencharakter
Wanderung auf Schotterstraßen, breiten Wegen und Pfaden; der Abstieg nach Sant Elm erfordert Orientierungsvermögen, da die Wegmarkierung dort großteils aus Steinmännchen und Farbzeichen besteht. Wichtig: Es findet sich kaum Schatten entlang des Weges, Ausreichend Sonnenschutz mitnehmen!

Start und Ziel
Port d'Andratx. Zufahrt auf der Ma-19 von Andratx, vor dem Ortszentrum rechts zum Torrent; Parkplätze an der Avinguda de Gabriel Roca Garcias. Rückfahrt per Bus (Linie 121).

Schwierigkeit: leicht - **mittel** - schwer
Dauer: **2:45 h**
Länge: **8,2 km**
Aufstieg **290 hm**
Abstieg **290 hm**

Höhenlinienmodell mit Streckenverlauf

Höhenprofil

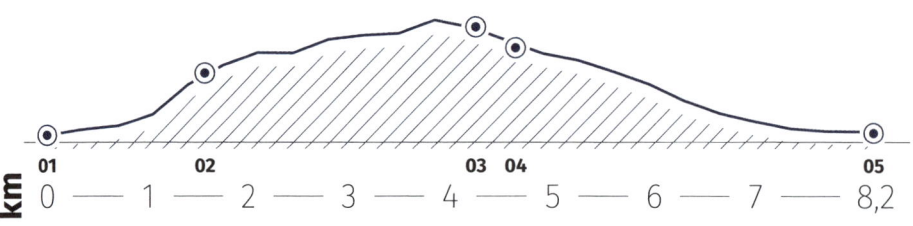

▶ Zunächst spazieren wir auf der Avinguda de Gabriel Roca Garcias zum Yachthafen 01 ⌖ an der Nordseite der Bucht von Port d'Andratx. Nach etwa 10 Minuten zweigen wir rechts auf die Carretera Aldea Blanca ab und gehen geradeaus an einer Abzweigung vorbei. Nach 200 m (nahe einer Windmühle) links auf den C/. de Cala d'Egos Richtung Hotel Mont Port, bei der folgenden Gabelung nach rechts und bald auf einer Schotterstraße. Die schlängelt sich zwischen Bauruinen zum Coll des Vent hinauf.

In der ersten Linkskurve beginnt rechts ein steiler Pfad. Nach etwa 40 Minuten Anstieg auf der Schotterstraße geradeaus über eine Kreuzung zum Sattel des Coll des Vent 02 (163 m). In der Folge beschreibt der Fahrweg eine S-Kurve und führt über einen Rücken in die Westseite des Mont Port. Weiter geht's im sanften Anstieg in einen Sattel (256 m), in dem wir links abzweigen. Weiter geht es ca. 1 km, wir ignorieren zwei abzweigende Straßen und wandern über zwei Kehren dem Sendemast am Pas Vermell entgegen. Neben einer Stromleitung gehen wir über einen Rücken und links an den Sendeanlagen vorbei.

Vorsicht! Es geht etwas abwärts und wieder flach dahin, bis ca. 150 m nach dem Sender scharf rechts ein etwas undeutlicher Pfad

Von dort überblickt man die Bucht von Sant Elm und die Insel Dragonera. Abstieg nach Sant Elm: Man geht jenseits auf dem Pfad kurz zu einem breiten Felsband hinab und folgt diesem unter roten Wandabstürzen (über denen die Sendeanlagen stehen) nach rechts. Weiter durch einen kleinen Felseinschnitt, dann steigt man links über einige erdige Stufen hinunter und gelangt durch den mit Macchia bewachsenen Hang zum Sattel des Coll de sa Barrera **04** (223 m).

Über diesen Sattel führt eine Schotterstraße, auf der wir links (westwärts) abwärtsgehen. Nach 5 Minuten – bei der Abzweigung unter einem Hügel mit Sendemast – bleiben wir auf dem Hauptweg und gehen durch den Graben des Canal de Sastre abwärts. Bei der folgenden Abzweigung halten wir uns nach rechts und über Serpentinen bergab, dann biegen wir nochmals rechts ab. Wir gehen an einem Gebäude und einer freien Fläche vorbei, im Rechtsbogen um den Höhenzug der Serra de sa Tea herum und dann schräg durch einen Hang hinab. Durch eine Mulde (teils betoniert) erreichen wir eine weitere Wegteilung.

Wir gehen rechts auf dem Fahrweg weiter, gleich darauf wieder rechts bleiben und über einen Sattel, dann neben dem kleinen Puig Blanc abwärts. An seiner Nordseite zweigen wir links auf einen schmalen Pfad ab und nach einem kurzen Anstieg rechts zu einer Straße (Camí de sa Torre), auf der wir links am Castell de Sant Elm vorbeigehen. Nach einem letzten Abstieg erreichen wir rechts den C/. de Cala es Conills, der 500 m ins Ortszentrum von Sant Elm **05** führt (Bushaltestelle).

Prominent ist man, wenn man erst aus den Klatschspalten erfährt, was man in nächster Zeit vorhat.

Anna Moffo, US-amerikanische Sopranistin
(1935–2006)

abzweigt (Steinmännchen, Farbzeichen). Auf diesem steigt man kurz zum Pas Vermell **03** (295 m) an.

Dein Moment für die Ewigkeit

Belichtungsdreieck

ISO, Blende und Belichtungszeit sind eng mit einander verknüpft. Erhöhst du zum Beispiel die Belichtungszeit (hier liegt der Wert bei 1/1600), kannst du bei gleichem Licht die ISO verringern und die Blende weiter schließen. Hier liegt der Blendenwert bei f/5, um ein durchgängig scharfes Bild zu erhalten.

2 Der „Nurbeischönwetterberg"

Bei Nebel sollte man die Mola de s'Esclop nicht ersteigen. Bei Sonnenschein bietet die Tour jedoch viel Abwechslung und auch ein wenig Abenteuer, denn beim Gipfelaufstieg muss man sogar ein wenig Hand an den Fels legen.

Bilder von: **Irina Mituca @irinamituca**

Der s'Esclop von Norden

Tourencharakter
Abwechslungsreiche Bergtour über Schotterstraßen, Bergpfade und stellenweise durch wegloses, mit hohem Gras bewachsenes und felsiges Gelände. Auch
eine kurze Kletterpassage (Schwierigkeitsgrad I) ist zu meistern. Der Abstieg ist
einfacher als der Aufstieg.

Start und Ziel
An der Küstenstraße Ma-10 bei Km 97 zwischen Andratx und Estellencs (290 m).
Nur wenige Parkplätze, die oft schon früh belegt sind.

Schwierigkeit: leicht - mittel - **schwer**
Dauer: **4:15 h**
Länge: **8,4 km**
Aufstieg **650 hm**
Abstieg **650 hm**

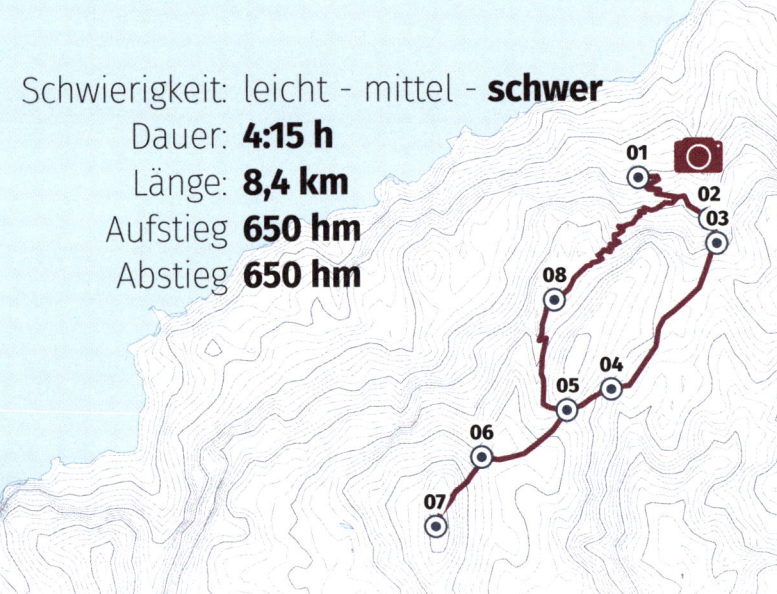

Höhenlinienmodell mit Streckenverlauf

Höhenprofil

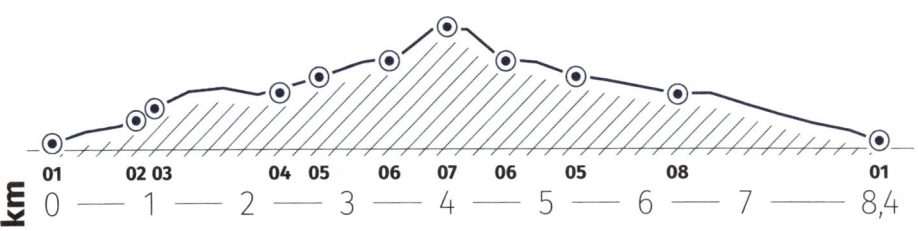

Das Gipfelpanorama zog schon im 18. Jahrhundert einen abenteuerlustigen Wissenschafter an: Der französische Mathematiker François Aragó anno 1808 führte dort oben Vermessungen durch.

mallorca-erleben.info

▶ Nahe dem Km-Stein 97 der Küstenstraße Ma-10 **01** 📷 zweigt bergseitig ein Schotterfahrweg ab (Wegweiser „Boal de ses Serveres, Puig de Galatzó"). Auf diesem gelangen wir hinauf ins Gebiet der öffentlichen Finca Son Fortuny. Bei einer Abzweigung halten wir uns nach links und unterhalb der burgartigen Felswände (Cingle Redó, Es Morralàs) zum Picknickplatz Boal de ses Serveres **02** (400 m).

Wir gehen nicht geradeaus durch das Tor, sondern rechts zur grasgedeckten Hütte.

Dahinter zieht ein breiter Weg rechts in ein Tal. Er verengt sich bald zum Pfad, der sich durch den felsigen Hang des Pas des Cossi zu einer beschilderten Wegteilung **03** hinaufschlängelt. Hier geht es nach rechts und auf einem schmalen und teilweise verzweigten Pfad weiter, erst eben, dann schräg ansteigend (Steinmännchen).

Durch zwei Steinblöcke hindurch gehen wir unterhalb des Coll de sa Moleta Rasa (572 m) über den freien Rücken zwischen dem Galatzó und dem s'Esclop. Anschließend weglos rechts über die Hochfläche (Fels-platten, Gras), links auf Pfadspuren in den Hang hinab und in die Mulde unterhalb der Moleta des Pinotells. Im Auf und Ab wandern wir durch hohes Gras ins nächste Tal und unterhalb von Felswänden zur Ein-mündung des beschilderten Pfades **04**, der von der Finca Galatzó heraufzieht (Wegwei-ser) und dann geradeaus weiter. Wir kom-men zu einer Mauer mit Drahtzaun **05** (650 m) und über den Coll de la Font des Quer **06** auf den Gipfel des s'Esclop **07**.

Abstieg: Auf der Zugangsroute wieder hinun-ter (Richtpunkt ist die kleine, teilweise grasige Ebene rechts unterhalb des Gipfelplateaus, von ihrem vorderen Ende zieht der Steig in die Felsflanke hinab). Vorbei am Coll de la Font des Quer **06** geht es hinab zur Mauer mit dem Drahtzaun **05** vor der Moleta des Pino-tells. Von dort folgen wir der GR-221-Beschil-derung nach links. Hinter einer Zaunlücke beginnt ein Karrenweg, der sich nach links wendet und in ein Hochtal hinabführt. Bei der ersten Abzweigung halten wir uns nach-links zu den Gebäuden des Landguts Sa Coma d'en Vidal **08** (550 m), die das Balearische Tourismusministerium erworben hat (Natur-schutzzentrum). Auf dem Fahrweg gehen wir weiter, erst flach, dann in Serpentinen (Sicht zur Küste) zu einem Wassertank hinab. Kurz danach erreichen wir bei einer Abzweigung die Aufstiegsroute, auf der wir links zum na-hen Ausgangspunkt **01** hinuntergehen.

Dein Moment für die Ewigkeit

Führe den Betrachter

Ein Weg der von der Linse in die Ferne führt lädt den Betrachter ein, ihm zu folgen. So ist es auch mit dem Straßenverlauf, der sich von der rechten Bildecke in den Hintergrund schlängelt. Versuche solche blickführenden Elemente in deinem Bildaufbau mit einzuplanen.

3 Im „Goldenen Tal"

Das weitum für seine Orangen bekannte Tal von
Sóller zählt zu den schönsten Wanderregionen
Mallorcas. Schritt für Schritt erkundet man
dort die landschaftliche Vielfalt – vom Fuß
des Gebirges über uralte Olivenhaine bis zum
Finale am Meer.

Bilder von: Sebastian Weingart
@wunderwaldphoto

Vom Gebirge zum Meer

Tourencharakter
Abwechslungsreiche Wanderung auf Straßen, breiten Wegen und schmalen Pfaden; abgesehen vom ersten Aufstieg durchgehend beschildert.

Start und Ziel
Sóller (40 m); Gebührenparkplätze im Stadtgebiet, gebührenfreie Parkplätze entlang der Ma-11 nahe dem Jardí Botànic. Zufahrt von Palma am besten mit dem Tren de Sóller. Rückfahrt von Port de Sóller mit der Trambahn oder per Bus (Linie 203).

Schwierigkeit: **leicht** - mittel - schwer
Dauer: **2:45 h**
Länge: **12,0 km**
Aufstieg **200 hm**
Abstieg **250 hm**

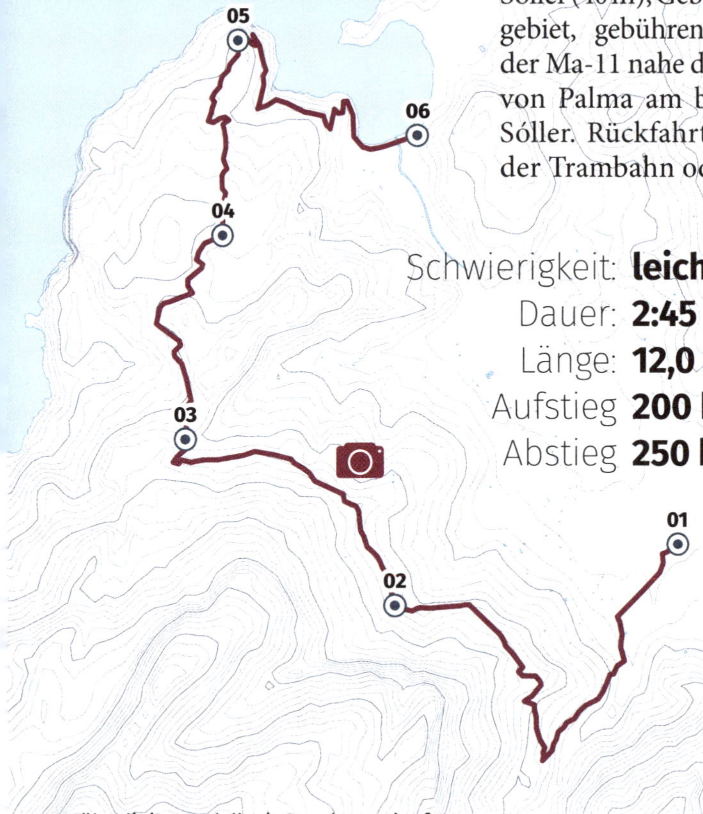

Höhenlinienmodell mit Streckenverlauf

Höhenprofil

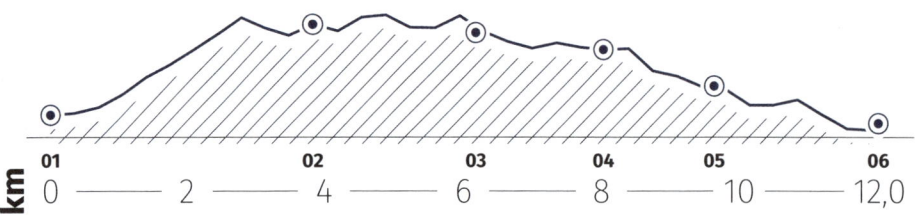

Ist das Leben wie eine Olive eine bittere Frucht, so greife nur beide scharf mit der Presse an, sie liefern das süßeste Öl.

Jean Paul (1763–1825)

▶ Von der Plaça de la Constitució in Sóller 01 gehen wir zwischen der Pfarrkirche und dem Rathaus (Straßenbahn) zur Plaça d'Espanya. Hier halten wir uns rechts und dem Wegweiser „Palma, Port, Deià" folgend zur Placeta de Francesc Saltir zum Franziskanerkloster. Dann geht es links zum Kreisverkehr, stadtauswärts Richtung Palma und nach dem ersten Haus rechts auf die Betonstraße. Bei den beiden folgenden Abzweigungen bleiben wir links auf der Asphaltstraße in Kehren aufwärts, eine Straßeneinmündung und eine Linksabzweigung ignorieren wir. Nach weiteren Kehren bei einer Abzweigung rechts zu einem Gatter und an einem Haus vorbei zum Bahnübergang. Weiter bergan kommen wir zur Finca Pujol d'en Banya (240 m) 📷, bei der weir

beim dortigen Tor rechts auf dem schmalen Camí de Castelló einschwenken. Bald mündet von links ein Fahrweg ein, dem man durch die Terrassenkulturen zu einem Tor folgt. Weiter auf dem schmalen Weg, an einem Gebäude vorbei und nach kurzem, steilen Abstieg zur Abzweigung des Camí de Rocafort 02 folgen wir dem Wegweiser „Deià" bergab.

Nach einem Zaundurchlass gehen wir geradeaus und über den Torrent des Cinc Ponts. Nach einer betonierten Passage kommen wir rechts zu einer Betonstraße. Wenige Schritte geht es nach links, dann rechts den Betonfahrweg hinauf und beim Anwesen Can Palles rechts auf dem flachen Weg weiter. Nach einem Zaun-

durchlass wandern wir abwärts und bei der Einmündung des Camí des Mont-reials links Richtung „Deià" empor. Gleich darauf erreichen wir rechts eine Finca-Zufahrt und kommen zwischen den Gebäuden zu einem Gatter. Danach biegen wir rechts ab und auf einem breiten Weg zu einem Zaundurchlass hinauf. Dahinter geht es vor einem Haus rechts auf dem geschotterten Fahrweg bergab und flach zum Tor des Hotels Ca's Xorc. Wir bleiben auf der Asphaltzufahrt abwärts, bis rechts der Camí des Rost einmündet. Hier halten wir uns links auf dem Camí de Castelló Richtung „Deià" bergauf und über eine Anhöhe rechts zur Capella de Castelló. Rechts gehen wir auf dem Fahrweg hinab und kommen zur Hauptstraße Ma-10 **03** (220 m, Bushaltestelle beim Hotel Son Bleda).

Wir halten uns links und gelangen bald rechts auf den GR-221 abzweigend zum Landgut Muleta Gran **04** (185 m). Hier geht es gemäß der Beschilderung „Refugi de Muleta" nach links sanft ansteigend zwischen Olivenbäumen zu einer Wegteilung. Danach rechts und auf einem teils gepflasterten Weg flach weiter. Geradeaus gehen wir an einer Abzweigung vorbei und durch schütter bewaldetes Gelände zum Graben des Torrent de s'Argentera hinab, dann nach links zum Bachbett und jenseits im sanften Anstieg zu einer Hausruine. Durch licht bewaldetes Gelände mit Steinblöcken kommen wir zu einer Mauer, neben der ein breiterer Weg einmündetbei dem wir rechts das nahe Refugi de Muleta **05** (132 m) erreichen.

Der Abstieg nach Port de Sóller **06** erfolgt auf der Asphaltstraße vorbei am Leuchtturm über dem Cap Gros. Unten links kommt man zum Sandstrand und zur Straßenbahn-Station.

Dein Moment für die Ewigkeit

Schattenspiel

Nicht nur das Licht, auch Schatten kann man bewusst einsetzen. Der Schattenwurf im unteren Teil bildet einen schönen Abschluss des Bildes und hebt so die beleuchteten Bildteile, samt Finca hervor.

4 Zielpunkt Port de Sóller

Viele Wanderwege auf Mallorca stammen aus der Zeit der Araber oder aus dem Mittelalter. Einer davon ist der Camí de Castelló zwischen Deià und Sóller. Der GR-221 folgt ihm ein Stück, führt dann jedoch durch die ältesten Olivenhaine Mallorcas.

Bilder von: Sebastian Weingart
@wunderwaldphoto

Von Deià nach Port de Sóller

Tourencharakter
Gut beschilderte Pfade und Fahrwege; es finden sich immer wieder schattige Plätzchen entlang des Weges.

Start und Ziel
Deià (194 m), PKW-Anfahrt über die Ma-10. Rückfahrt von Port de Sóller per Buslinie 203 oder mit dem Taxi.

Schwierigkeit: **leicht** - mittel - schwer
Dauer: **4:00 h**
Länge: **10,7 km**
Aufstieg **210 hm**
Abstieg **270 hm**

Höhenlinienmodell mit Streckenverlauf

Höhenprofil

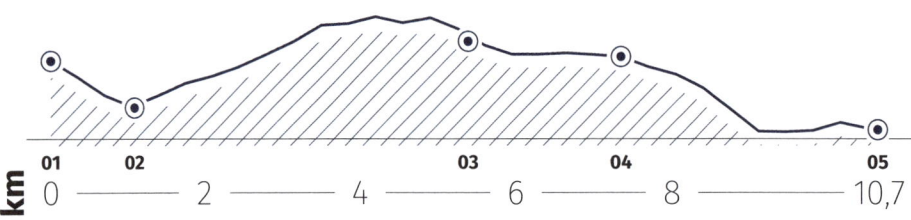

Mit seinen 13.000 Einwohnern ist Sóller das kulturelle Zentrum der Sierra de Tramuntana und auch Ausgangspunkt verschiedener Wanderrouten durch die Berge oder der Küste entlang ...

visitsoller.com

▶ Von der Bushaltestelle im Ortszentrum von Deià **01** folgen wir der Hauptstraße Richtung Sóller vorbei an der Zufahrt zum Hotel Residencia zum nördlichen Ortsrand. Dort gehen wir links auf dem anfangs asphaltierten Camí de sa Vinyeta Richtung Meer hinunter („Sóller"). Nach dem Sportplatz schlängelt sich der Weg zur Straße Richtung Cala de Deià hinab (zwei Tore, Leiter-Überstieg).

Die Fahrbahn wird dreimal überquert, dann erreicht man den Torrent Major, wo der Camí des Ribassos über einen Holzsteg **02** einmündet. Dort zweigt der GR-221 rechts ab (Weg-weiser). Vor dem Wiederaufstieg lohnt sich der kurze Abstecher zur Cala de Deià. Neben dem Holzsteg folgen wir rechts (Wegweiser „Sóller", Leiterüberstieg) einem Treppenweg bergauf. Vor dem Landhaus Son Bujosa (130 m) geradeaus auf der Zufahrtsstraße weiter und dann rechts zur Küstenstraße Ma-10, der wir 500 m nach links folgen. Nahe Km 60,2 zweigt der GR-221 rechts ab („Sóller, Camí de Castelló"). Über Stufen kommen wir zu einer Asphaltstraße, die links zu einem Anwesen führt. Von dort folgen wir dem Camí de Castelló durch den Wald hinauf und nach Son Coll geradeaus an einer Abzweigung

(Wegweiser) vorbei. Hier queren wir einen Asphaltweg und auf dem gepflasterten Weg an Can Miquelet vorbei und weiter aufwärts (Zaundurchlässe, kleiner Pass) zu einer Kreuzung. Dann geht es geradeaus zur Schotterstraße hinab, die zur Doppelfinca Son Mico/ Can Prohom führt (250 m). Nach der Terrasse wandern wir links zur Capella de Castelló hinunter, dort links („Refugi de Muleta") und zur nahen Ma-10 **03** (230 m, Bushaltestelle beim Hotel Son Bleda).

Neben der Fahrbahn halten wir uns kurz nach links (Richtung Deià) am Hotel vorbei, und biegen dann rechts auf eine Nebenstraße ab („Restaurant Bens d'Avall", GR-221-Wegweiser). Auf der Schotterpiste gehen wir biszur nächsten Gabelung, rechts in die Sackgasse und am Haus Son Augustinus vorbei. Von einer Linkskurve nach rechts, durch Olivengärten und nach 200 m links zur Finca Muleta Gran **04** (185 m). Etwas vorher geht es geradeaus weiter (Wegweiser), um die Gebäude des Landguts herum und auf einem alten Weg bergab vorbei an der Finca Muleta de Ca s'Hereu. Ganz unten im Tal biegt der GR-221 rechts Richtung Sóller ab, nach Port de Sóller gelangt man dagegen links. Auf der nach wenigen Schritten erreichten Asphaltstraße wandern wir links zu den Hotels an der Platja d'en Repic. Dort biegen wir rechts auf die Promenade neben dem Sandstrand und über eine kleine Brücke zur Plaça de sa Torre an der Hauptstraße (Station der Trambahn). Weiter dem Ufer und der Bahnlinie entlang kommen wir ins Zentrum von Port de Sóller **05** 🔴.

Zur Bushaltestelle müssen wir Beim Taxistandplatz rechts auf den breiten C/. d'Antoni Montis abbiegen und am folgenden Kreisverkehr links vorbei.

Dein Moment für die Ewigkeit

Aus einem anderen Blickwinkel

Immer nur aus Augenhöhe zu fotografieren wirkt schnell langweilig. Fange ein Motiv von unterschiedlichen Standpunkten aus ein und vergleiche das Ergebnis. Den Hafen kann man aus einer erhöhten Position in seiner ganzen Pracht abbilden – der Baum im linken Vordergrund sorgt für Tiefe im Bild und verleiht dem Motiv das gewisse Extra.

5 Fornalutx forever!

Diese Tour wartet mit zwei Top-Zielen auf: Mit dem Mirador de ses Barques und dem kleinen Dorf Fornalutx. Die uralten, teils gepflasterten Wege dazwischen bieten herrliche Ausblicke ins Gebirge.

Bilder von: **Wilma Pols @mallorcafotowerk**

Ins schönste Dorf Spaniens:
Mirador de ses Barques – Fornalutx

Tourencharakter
Abwechslungsreiche Wanderung auf Nebenstraßen und beschilderten Wegen, kurzzeitig auch auf schmalen Pfaden. Immer wieder finden sich schattige Passagen.

Start und Ziel
Sóller (40 m), Stadtzentrum. Zufahrt wie bei Tour 3.

Schwierigkeit: **leicht** - mittel - schwer
Dauer: **3:30 h**
Länge: **10,3 km**
Aufstieg **350 hm**
Abstieg **350 hm**

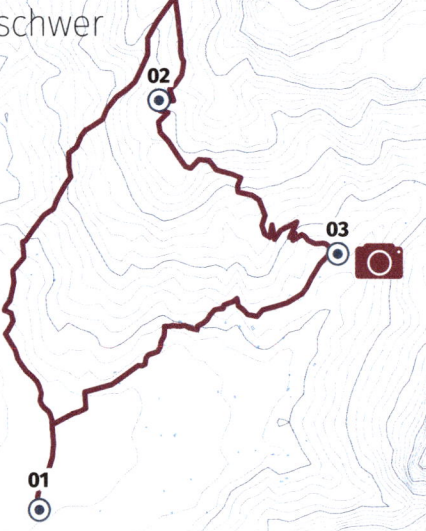

Höhenlinienmodell mit Streckenverlauf

Höhenprofil

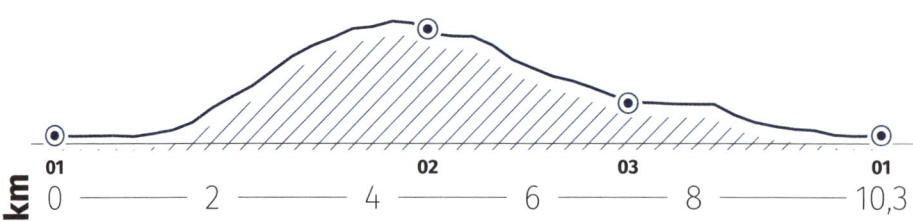

Fornalutx (einst Fornalugi genannt) lebt seit Jahrhunderten von der Landwirtschaft zwischen den Felsbergen um den Puig Major und dem blühenden Tal von Sóller.

mallorca-erleben.info

▶ Von der Plaça de la Constitució in Sóller **01** folgen wir der Geschäftsstraße C/. de sa Lluna 100 m und biegen bei der zweiten Abzweigung links auf den C/. de la Victoria 11 Maig ab. Geradeaus zum 500 m entfernten Fußballplatz und von dort geradeaus und stets Richtung „Port de Sóller" durch S'Horta und auf dem Camí de Son Blanco („Camí Vell de Bàlitx, Tuent, Sa Costera" zur Hauptstraße Ma-10, der wir 30 m nach links folgen. Jenseits gehen wir scharf rechts auf einem Fahrweg empor, links weiter (Zauntor), an einem Haus vorbei zu einer Asphaltstraßeund ein paar Schritte nach rechts, dann links über einige Stufen und auf einem Betonweg zu einem Gebäude. Links geht es auf dem Schot-

terweg weiter, in einer Rechtskurve biegen wir links auf einen Pfad ab und zum Camí de sa Figuera hinauf. Hier wieder links, dann folgen wir dem Camí Vell de Bàlitx Richtung „Tuent" bergauf. Nach einem Gatter halten wir uns rechts, bald wieder aufwärts und queren einen Fahrweg. Wir kommen zu einem Zauntor, neben einem Graben zu einem Mauerdurchlass und durch freies Gelände zu einer Schotterstraße (Stromleitung). Auf dieser nach rechts und gleich darauf links abzweigen (Wegweiser „Sóller, Fornalutx, Mirador de ses Barques") und zwischen Häusern hindurch. Auf einem Pflasterweg wandern wir hinab zum Mirador de ses Barques **02** (400 m) an der Ma-10 (Bushaltestelle).

Wir überqueren den Parkplatz und gehen einige Schritte rechts neben der Ma-10 zum Wegweiser „Sóller, Fornalutx". Dort halten wir rechts unterhalb der Straße (Drahtseil) und auf dem alten Weg weiter. Nach einem Gatter wird ein Fahrweg überquert. Bei der folgenden Abzweigung links Richtung „Fornalutx" zur Costa d'en Nicó erreichen wir die Straße wieder. Anschließend 100 m talwärts, dann auf einem beschilderten Fahrweg (Schranke) und dem alten Weg bergab. Auf der Fahrbahn 100 m weiter, dann rechts zu einem Pfad, der in einen weiteren Fahrweg mündet. Dieser führt wieder zur Ma-10 auf einem Betonweg nahe der Zufahrtsstraße nach Fornalutx hinab. Von der Plaça d'Espanya im Ortszentrum von Fornalutx **03** (150 m) **O** gehen wir auf dem C/. de sa Plaça und dann stets Richtung „Sóller" aus dem Dorf hinaus und kommen am Sportplatz und beim Friedhof vorbei. Auf dem Camí Vell de Fornalutx Richtung „Sóller, Binibassí" durch einen Graben, dann links weiter, nach rechts und auf Pfadspuren zu einer Wasserleitung, der man nach Binibassí (85 m) folgt. Wo die Asphaltstraße einmündet, biegen wir rechts auf den Schotterweg ab. Auf einem schmalen Pfad zur Villa José, dann links auf dem stellenweise gepflasterten Weg abwärts und zu einem Fahrweg, auf dem wir links hinabgehen. Stets folgen wir den Wegweisern „Soller" zum Pont de Can Rave und nach rechts zum Fußballplatz von Sóller. Von dort kommen wir zurück ins Stadtzentrum von Sóller **01**.

Dein Moment für die Ewigkeit

Perspektive

Während sich im vorherigen Favoritenbild die erhöhte Position anbot um ein weites Sichtfeld zu haben, wurde hier eine Darstellung aus der Froschperspektive gewählt. Das Fotografieren unterhalb der Augenhöhe bietet sich besonders bei Archtitekturfotografie an.

6 Auf Pilgerpfaden

Der Weg von Biniaraix durch den gewaltigen Felsschlund des Barranc de Biniaraix zum Heiligtum von Lluc zählt zu den beliebtesten Wanderstrecken der Insel. Er ist seit dem 14. Jahrhundert urkundlich belegt.

Bilder von: **Wilma Pols @mallorcafotowerk**

In den Barranc de Biniaraix

Tourencharakter
Großartige Schlucht- und Bergwanderung auf beschilderten Pflasterwegen (die bei Nässe einen sicheren Tritt erfordern); Gipfelaufstieg auf einem schmalen, unmarkierten Pfad.

Start und Ziel
Biniaraix (86 m), 2 km östlich von Sóller. Zufahrt nach der Beschilderung „Fornalutx", bis ein Wegweiser rechts nach Biniaraix zeigt; sehr eingeschränkte Parkmöglichkeit am Ortsrand; Bus (Linie 232) von Sóller (plus 10 Minuten Gehzeit).

Schwierigkeit: leicht - **mittel** - schwer
Dauer: **4:00 h**
Länge: **9,6 km**
Aufstieg **870 hm**
Abstieg **870 hm**

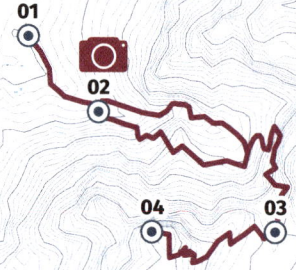

Höhenlinienmodell mit Streckenverlauf

Höhenprofil

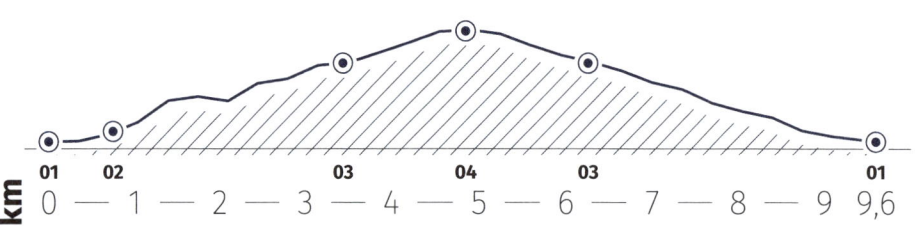

Wenn die ersten Orangenblüten an den Bäumen zu sehen sind, erfüllt sich das Orangental mit einem feinen, süßen Duft.

orangesoller.com

▶ Vor der Kirche in Biniaraix **01** folgen wir der Beschilderung „Lluch a pie" über den C/. de Sant Josep. Beim Waschhaus biegen wir rechts ab (Wegweiser „Barranc de Biniaraix, Cúber") und wandern auf dem abschnittsweise gepflasterten Camí des Barranc in die Schlucht des Barranc de Biniaraix hinein. Bei einer Abzweigung links weiter, kurz sanft abwärts und wieder bergauf 📷. Achtung! Etwa 300 m nach der Brücke zweigt man bei einem Johannisbrotbaum rechts auf den Camí Vell (Wegweiser).

Nach ein paar Schritten gehen wir links durch ein Metalltor, dann führt der stellenweise gepflasterte Weg in Kehren hinauf. Unter einem Felsen nach links zu einer Steinhütte bei der gleich dahinter zwei Pfade abzweigen, der untere, der Camí Vell, zieht zum nahen Coll d'en Se **02** (440 m) neben einem markanten Felsturm. Dann wandern wir eben neben einem Zaun zu einem Durchlass, unter einer Hausruine vorbei und bei dieser links abzweigend in den Barranc de Biniaraix hinab. Über den

61

Bachlauf unter dem Gorg de Can Catí (Wasserfall) kommen wir zum Pilgerweg, dem wir bergauf folgen. Er schlängelt sich in Kehren zwischen dem Torrent des Verger und dem Torrent de l'Ofre empor. Hoch über der Schlucht durchqueren wir die Wandabstürze und erreichen durch ein Gatter eine Abzweigung **03** (650 m). Wir folgen dem Wegweiser „Mirador Joaquim Quesada, Es Cornadors" nach rechts. Neben einem ehemaligen Staubecken geht es hinab zum Bachbett, das auf Trittsteinen übersetzt wird. Jenseits wandern wir durch den steilen Grashang aufwärts, vorbei an einem Felsturm und in einen Sattel. Hier halten wir nach links und unter zwei weiteren Felszacken vorbei. Anschließend in Serpentinen in den breiten Grassattel zwischen dem Cornador Gran und dem felsigen Sementer Gran. Hier rechts zur nahen Unterstandshütte und weiter auf den Gipfel des Cornador Gran **04** (956 m).

Von dort zieht ein Pfad ca. 50 m durch felsiges Gelände zum Mirador Joaquim Quesada hinab (gemauerter Aussichtsbalkon über dem Barranc de Biniaraix). Der Abstieg erfolgt auf der gleichen Route. Beim Rückweg in den Barranc de Biniaraix genießt man erst so recht den Blick hinaus ins Tal von Sóller. Wo der Camí Vell einmündet gehen wir rechts auf dem Hauptweg weiter (Richtungspfosten). So gelangen wir in den breiten Talkessel in der Mitte des Barranc de Biniaraix, in dem kleine Anwesen zwischen Olivenkulturen liegen. Bei einem Haus an der Einmündung des Torrent des Verger geradeaus bleiben (Wegweiser), über einige Stege und durch den kurzen Estret, den engsten Abschnitt der Felsschlucht. Es folgen kunstvoll aufgemauerte Wegkehren (Ses Voltetes), über die wir hoch über dem Talgrund zur unteren Abzweigung des Camí Vell absteigen.

Auf der Zugangsroute kommen wir dann ins Dorfzentrum von Biniaraix **01** zurück.

Dein Moment für die Ewigkeit

Im Rahmen

Mit Blättern, Bäumen und der Topografie lässt sich ein natürlicher Rahmen erstellen, der dem Bild Kontrast und Spannung verleiht. Unter Fotografen ist dieses Stilmittel auch als „Framing" bekannt.

7 „Orientalischer" Wasserweg

Diese Waldwanderung lohnt sich vor allem nach stärkeren Regenfällen – nur dann sind die Wasserfälle in der Schlucht zwischen Orient und Santa Maria del Camí „in Betrieb".

Bilder von: **Wilma Pols**
@mallorcafotowerk

Orient: Katarakte im Waldgebirge

Tourencharakter
Wanderung auf stellenweise steinigen Wegen und Pfaden mit einigen Wegweisern.

Start und Ziel
Orient (550 m). Zufahrt von Alaró oder Bunyola auf der schmalen Ma-2100. Busverbindung von Alaró (Linie 331).

Schwierigkeit: leicht - **mittel** - schwer
Dauer: **1:45 h**
Länge: **5,1 km**
Aufstieg **200 hm**
Abstieg **200 hm**

Höhenlinienmodell mit Streckenverlauf

Höhenprofil

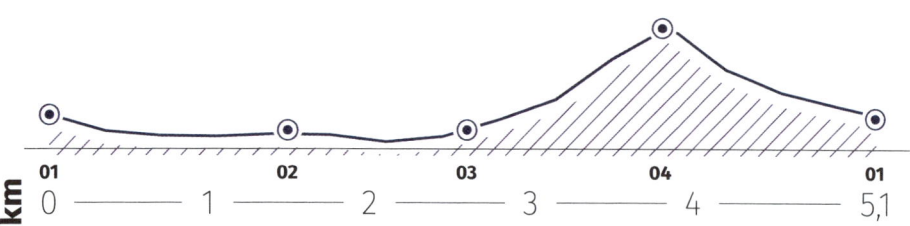

Gottes ist der Orient! Gottes ist der Okzident! Nord- und südliches Gelände ruht im Frieden seiner Hände.

Johann Wolfgang von Goethe (1749–1832)

▶ Von Orient **01** 📷 marschieren wir zunächst gut 1,5 km auf der Straße Richtung Bunyola durch das ebene Hochtal. Nach dem Km-Stein 9 steht rechts eine Finca, dann geht's in den Wald und an einem weiteren Gebäude **02** vorbei. 150 m weiter – noch vor der Finca Son Peret – zweigen wir links auf einen Schotterweg ab (der dort angebrachte Wegweiser „verschwindet" immer wieder).

Die steinige Piste führt an einem Steingebäude vorbei zu einem Leiter-Überstieg und dann zwischen alten Mauern zur Quelle Font des Freu. Gleich danach kommt man an den Cases des Freu vorbei (Gatter mit Überstieg). Hier zum Bachbett hinab und über eine Furt zu einer Wegteilung bei einem Köhlerplatz zwischen großen Felsblöcken. Auf dem rechten Karrenweg gelangt man oberhalb des Grabens – vorbei an der vom Wald überwucherten Ruine einer Wassermühle – nach unten. Über Kehren und durch künstliche Felseinschnitte erreicht man den Talgrund (ca. 360 m); dort und auch schon ein kurzes Stück weiter oben kann man rechts auf Pfadspuren (ausgewaschenes Gestein) in den Kessel der pe-

riodisch aktiven Wasserfälle Salt des Freu **03** vordringen. Wenn das Bachbett trocken ist, dann lässt sich die enge Felsschlucht des Torrent de Coanegra noch ca. 1 km talabwärts erkunden, bis ein hoher Felsabbruch ein weiteres Vordringen beendet; zusätzlich etwa 30 Minuten hin und retour. Nach der Rückkehr zur Wegteilung oberhalb der Wasserfälle halten wir uns rechts und auf einem breiten Serpentinenweg zu einer Anhöhe (Hausruine). Von der dahintergelegenen Kreuzung gehen wir gerade abwärts und auf dem kurz darauf einmündenden Weg nach links. Erst sanft, dann steiler ansteigend kommen wir zur nächsten Gabelung. Danach links auf dem (nun nur mit

Steinmännchen gekennzeichneten) Pfad in Kehren aufwärts und vorbei an weiterer Köhlerplätzen zum Felseinschnitt des Pas de s'Estaló **04** (564 m, Gatter, Blick auf Orient). Hier nach rechts und unter Felswänden in den Wald abwärts. Bei der folgenden Gabelung nach links, danach alle weiteren Abzweigungen ignorieren anschließend Kurz aufwärts und bei einem Köhlerplatz am Waldrand links zu einem Tor.

Einem Feldweg folgen wir durch Terrassenkulturen abwärts, bis man rechts über die Stützmauer zur Asphaltstraße hinabklettern kann. Auf dieser kehren wir links nach Orient **01** zurück.

Dein Moment für die Ewigkeit

Bildkomposition

Die Bildkomposition ist einer der wichtigsten Eckpunkte der Fotografie. Das Spiel der Bildaufteilung, der Platzierung von Motiven und die Art sie in Bezug zu setzten gestaltet dein Bild. Du bist der Künstler der das leere Blatt füllt. Analysiere alle organischen und geometrischen Formen und kreiere etwas geniales.

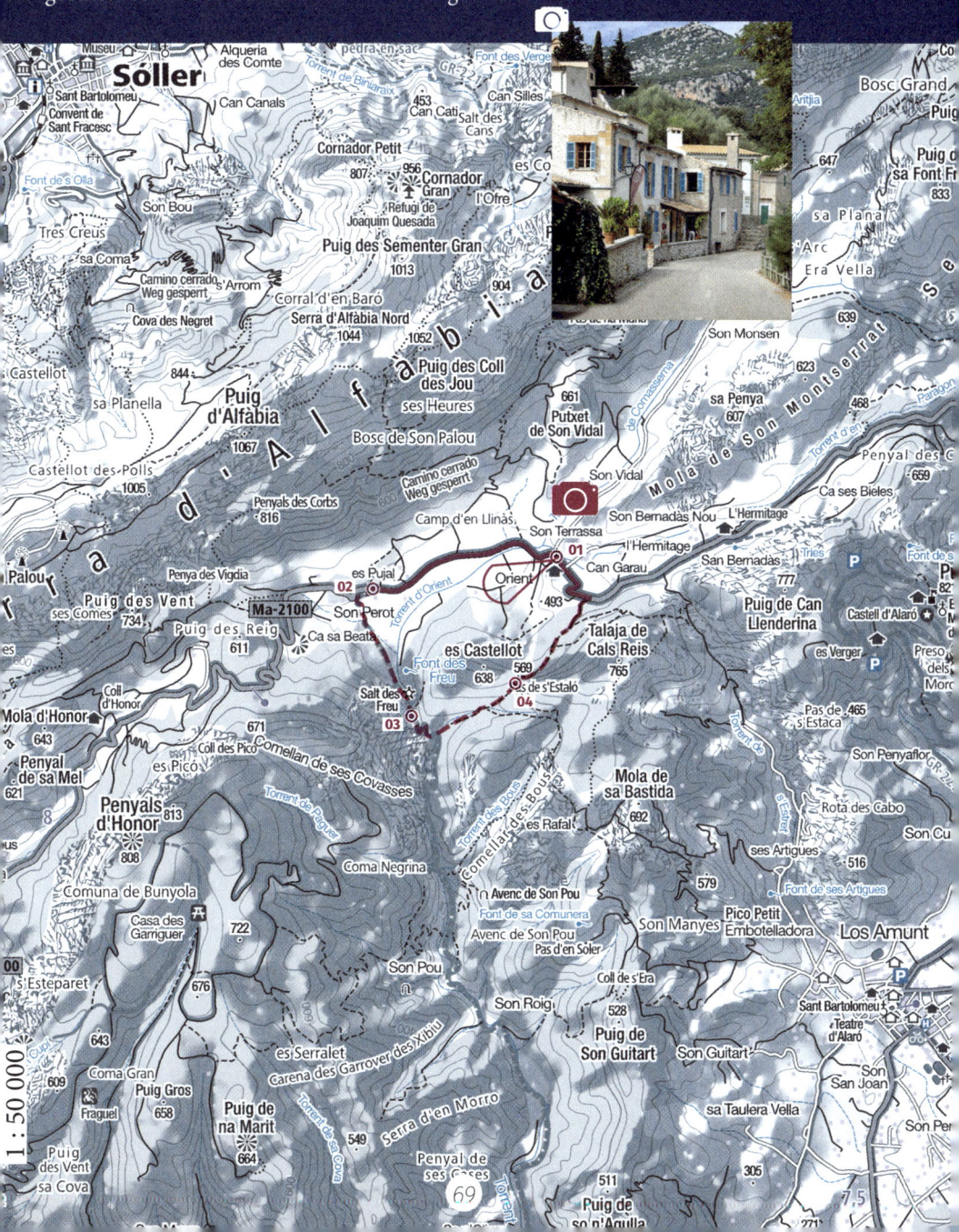

8 Historischer Höhenrausch

Der 821 Meter hohe Puig d'Alaró gehört zu den großen historischen Stätten Mallorcas. Er erhebt sich mit seinem „Bergzwilling", dem Puig de s'Alcadena, am Südostrand der Serra de Tramuntana.

Bilder von: **Wilma Pols @mallorcafotowerk**

Zum Castell d'Alaró

Tourencharakter
Gut ausgeschilderte Wanderung auf einer teilweise stark befahrenen Straße, Pflaster- und Treppenwegen.

Start und Ziel
Alaró (228 m). Im Ortszentrum beim Wegweiser „Orient" rechts abzweigen, bei der zweiten Kreuzung links („Centre Vila"), an einer Abzweigung vorbei, dann links auf den C/. de Can Manyoles und stets geradeaus („Centre") zum Ortsparkplatz.

Schwierigkeit: **leicht** - mittel - schwer
Dauer: **3:45 h**
Länge: **11,7 km**
Aufstieg **620 hm**
Abstieg **620 hm**

Höhenlinienmodell mit Streckenverlauf

Höhenprofil

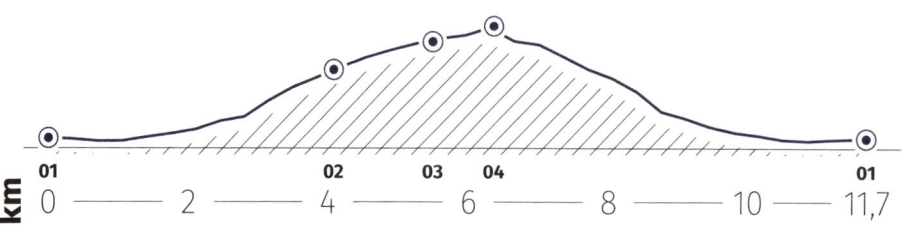

Das Castell d'Alaró ist einer der Schicksalsorte Mallorcas.

mallorca-experten.net

▶ Von der Plaça de la Vila im Ortszentrum von Alaró **01** schwenkt man zwischen Rathaus und Kirche auf den C/. Petit ein. Geradeaus am Hostal Can Tiu vorbei und auf den C/. de Can Ros zu einem kleinen Platz, von dem man geradeaus dem Wegweiser „Castell d'Alaró" folgt. Am Waschhaus vorbei erreicht man nach 15 Minuten den östlichen Dorfrand (Wegweiser „Castell d'Alaró").

Noch etwa 500 m auf der Landstraße weiter, dann zweigt man links ab (Wegweiser „Castell d'Alaró"), erreicht nach 300 m eine Querstraße und auf dieser nach rechts (Wegweiser). Langsam stärker ansteigend passiert man die Zufahrten der Fincas Son Curt und Son Penyaflor de Dalt, dann geht's

über Kehren hinauf. Bei einem Wegweiser zweigt ein alter Treppenweg ab, der die Kehren abkürzt. Wieder auf der Straße gelangt man zur beschilderten Abzweigung zum Castell (Rückweg). Geradeaus weiter gehen wir zum Bauernhof Es Verger **02** (560 m), dort erwarten uns rustikale Spezialitäten in noch rustikalerem Ambiente.

Weiter folgen wir den Kehren hinauf (Abkürzungspfade) zum Parkplatz am Pla des Pouet **03** (702 m). Von dort geht's rechts auf dem schön angelegten Pflasterweg (Wegweiser „Castell d'Alaró") über einen kleinen Pass und im Auf und Ab durch den Hang zu den Felswänden des Burgbergs. Unterhalb bei einer Wegteilung scharf nach links abbiegen

(Wegweiser), in Kehren aufwärts und durch die beiden Burgtore auf das Gipfelplateau (links befindet sich ein exponierter Aussichtspunkt) . Der stellenweise steinige Weg führt schließlich zur Kapelle Nostra Senyora del Refugi mit dem kleinen Gasthaus. Gleich dahinter befindet sich der Gipfel des Puig d'Alaró **04** (821 m, Hütte, Gedenktafel), der mit steilen Wänden abbricht.

Abstieg auf der gleichen Route bis zur Wegteilung unter der Felswand des Gipfelaufbaus. Dort gehen wir jedoch geradeaus weiter (Wegweiser „Alaró") und in einer weiten Kehre abwärts. Bei der nächsten Abzweigung links bleiben (der alte Weg wurde gesperrt) und zum Fahrweg, den man unterhalb des Restaurants Es Verger erreicht. Auf diesem links zum Ausgangspunkt **01** hinunter.

Dein Moment für die Ewigkeit

Blick durch den Sucher

Überleg dir früh genug was du fotografieren willst und wo dafür der beste Standort ist. Erst der Blick durch den Sucher oder auf das Display zeigt dir, ob die gewählte Position optimal ist. In unserer Wahrnehmung blenden wir uninteressante Partien am Rand aus oder fokussieren uns auf ein Detail. Den attraktiven Bildbereich müssen wir beim Fotografieren aktiv auswählen.

9 Von der Bucht zur Schlucht

Am Beginn dieses „Wander-Klassikers" erwartet dich der fantastische Blick zur Bucht von Port de Sóller. Am Schluss lockt ein Abstecher in Mallorcas wildeste Schlucht.

Bilder von: **Makeila Lundy**
@makeilalundy

Auf nach Sa Calobra

Tourencharakter
Lange Tour mit zwei Aufstiegen; Die Wanderung führt uns über Straßen, beschilderte Wege und Pfade. Zwar gibt es unterwegs mehrere Einkehrmöglichkeiten, aufgrund der Länge empfiehlt sich aber unbedingt ausreichend Wasser einzupacken!

Start und Ziel
Mirador de ses Barques (400 m) oberhalb von Sóller. Von Port de Sóller mit Bus (Linie 231 - nur im Sommer!) oder Taxi. Rückfahrt mit dem Schiff von Port de sa Calobra oder von Cala Tuent (www.barcosazules.com).

Schwierigkeit: leicht - **mittel** - schwer
Dauer: **5:00 h**
Länge: **14,6 km**
Aufstieg **430 hm**
Abstieg **820 hm**

Höhenlinienmodell mit Streckenverlauf

Höhenprofil

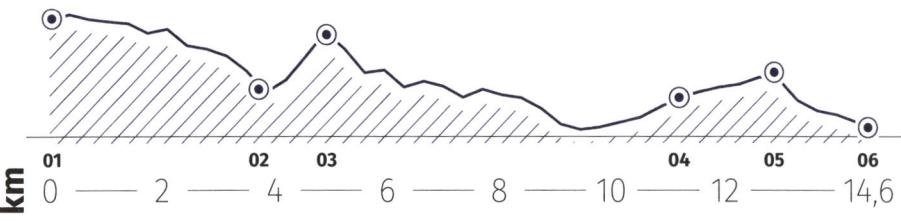

Wie in einer anderen Welt ...

Eintrag auf tripadvisor.de über Sa Calobra

► Die Tour nach Sa Calobra beginnt rechts neben der Treppe zum Mirador de ses Barques **01** (Wegweiser „Tuent, Sa Costera, Bàlitx"), führt über einige Stufen und auf einem alten Pflasterweg bergauf. Links auf einer Betontrasse weiter und dann flach zwischen Gärten und Terrassen (Pforte) zu einer Schotterstraße. Auf dieser wandern wir rechts durch Olivenkulturen auf die Finca Bàlitx d'Amunt (407 m) zu. Davor zweigen wir rechts ab, gehen durch ein Tor und auf dem Fahrweg ins Tal von Bàlitx hinab. Von der ersten Linkskurve geradeaus auf dem Pflasterweg bergab (von der nächsten Linkskurve gelangt man rechts mit wenigen Schritten zum Quellportal der Font de Bàlitx). Weiter unten folgt man wieder dem Fahrweg, vorbei an der Finca Bàlitx d'en Mig. Etwa 800 m danach zweigt der alte Pflasterweg wieder links ab (Wegweiser). Er führt in den Talgrund, wo man die alte Finca Bàlitx d'Avall **02** (160 m) erreicht.

Beim Anwesen überqueren wir auf der Schotterstraße den Torrent de na Mora und wandern durch den Waldhang bergauf. Bald geht's auf dem rechts abzweigenden alten Weg weiter und schließlich wieder auf dem Fahrweg in mehreren Kehren zum Sattel des Coll de Biniamar **03** (365 m). Dahinter schlängelt sich die Schottertrasse abwärts (Abkürzungspfad), wird schmaler und wendet sich nach links zum verlassenen Gehöft Sa Costera. Dort zweigen wir rechts auf den Camí de sa Costera ab und wandern im sanften Auf und Ab über dem Meer dahin. Nach 1 km führt links ein beschilderter Pfad zum einstigen Kraftwerk Sa Fàbrica (Wasserfall der Font des Verger) hinunter. Die Route zur Cala Tuent zieht jedoch geradeaus quer durch den Hang weiter. Durch eine Maueröffnung und im kurzen Aufstieg erreichen wir die Anhöhe des Coll de na Polla (150 m) nahe der Halbinsel mit der Torre des Forat. Nach einem Tor, kurz auf einem breiten Waldweg zu einigen Häusern hinab und nach

der Beschilderung „Cala Tuent" auf einem steinigen Weg weiter. Bald danach weist ein Pfeil an einem Olivenbaum scharf nach links zum Restaurant Es Vergeret oberhalb der Cala Tuent **04**.

Zum Schluss muss man 3,5 km auf der Asphaltstraße marschieren. Kurz hinab und im Bogen um die Kiesbucht der Cala Tuent herum (links führt ein alter Treppenweg zum Strand; Kiosk, Bootssteg an seinem vorderen Ende). In der Folge geht's über zwei Kehren zum Coll de Sant Llorenç **05** (229 m) empor. Nach knapp einer Stunde ist der Pass mit der alten Kirche erreicht. Hinter dem Gebäude zweigen wir links ab (Metallgatter) und marschieren auf dem alten Weg zu den Häusern von Sa Calobra hinab **🄾**. Weiter zur nahen Straße, auf der wir links zum Port de sa Calobra **06** am Meer gelangen (Bushaltestelle, Restaurants, Schiffsanlegestelle).

Dein Moment für die Ewigkeit

Make a scene!

Einem Schnappschuss steht ein genau konzipiertes Foto gegenüber. Die meisten Fotos, die uns in Magazinen oder online begeistern, sind genau geplant. Dazu gehört es auch, sich mit seinen Models abzusprechen und sie in Szene zu setzen.

10. Heilige Haine und ein Kamel

Die Steineichenwälder rund um Lluc sind ein Schmuckstück der Serra de Tramuntana. Vielleicht deutet selbst der Name der Wallfahrtskirche auf die Wildnis hin – das lateinische Wort lucus bedeutet soviel wie „heiliger Hain".

Bilder von: **Wilma Pols @mallorcafotowerk**

Rund um das Santuari de Lluc

Tourencharakter
Einfache Wanderung auf Schotterstraßen, stellenweise beschilderten Wegen
Wegen und Waldpfaden.

Start und Ziel
Santuari de Lluc (477 m). Erreichbar mit der Buslinie 312.

Schwierigkeit: **leicht** - mittel - schwer
Dauer: **4:00 h**
Länge: **11,8 km**
Aufstieg **250 hm**
Abstieg **250 hm**

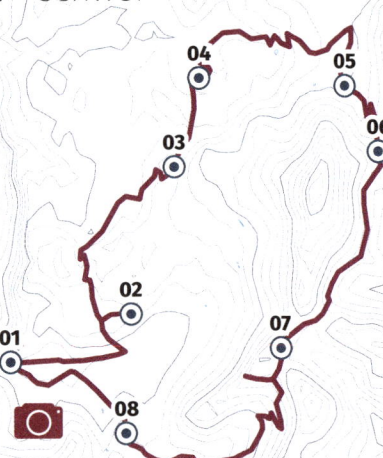

Höhenlinienmodell mit Streckenverlauf

Höhenprofil

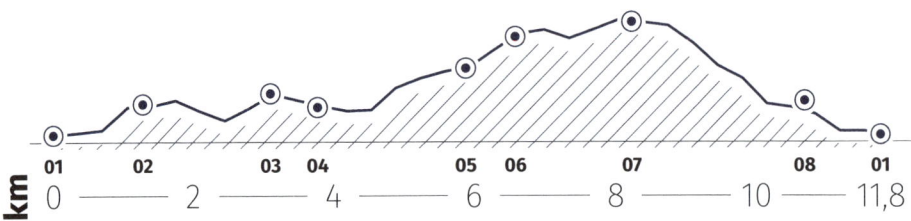

Das Schönste ist auch das Heiligste.

Friedrich Hölderlin (1770–1843)

▶ Zuerst empfiehlt sich der kurze Aufstieg auf dem Pujol dels Misteris. Die Rundtour selbst beginnt beim Tor neben dem Souvenirladen **01** im vorderen Innenhof des Heiligtums.

Dahinter führt ein Asphaltweg am Jardí botànic de Lluc vorbei (Wegweiser „Es Camell, Puig Tomir, Pollença") und zum Sportplatz. An seiner Vorderseite links gelangen wir zu einem breiten Schotterweg, der rechts neben einem Bach dahinführt. Nach wenigen Schritten geht's links über eine Brücke und auf einem Pfad in den Steineichenwald hinauf. Rechts lohnt sich der Abstecher zur Felsformation Es Camell **02** anschließend zurück zum Hauptweg, der rechts zur

nächsten Gabelung zieht. Links abzweigend (Wegweiser „Es Pixarells") kurz zu einem Aussichtsplatz und in ein kleines Tal hinab. Bald wandern wir zur Àrea Recreativa es Pixarells **03** (550 m) und nach dem Tor links 500 m auf einem Waldpfad (oder neben der Ma-10) zur Àrea Recreativa Menut I **04** (532 m).

Dieser Picknickplatz liegt bei Km 16,7 rechts der Straße. Man betritt ihn neben einem Gebäude (WC), geht über Stufen hinab und vorbei an einer Brücke der Ma-10. Bei einem Tor halten wir uns rechts auf eine Schotterstraße in die Coma de Binifaldó und von der nächsten Abzweigung links zum unbewirtschafteten Refugi de la Coma

de Binifaldó. Rechts auf einem Fahrweg wandern wir hinauf zu einer kleinen Hochfläche unter dem Puig Tomir (600 m). Dort bei zwei Mauersäulen nach rechts führt uns der Fernweg GR-221 zur 1 km entfernten Finca Binifaldó **05** (580 m).

Weiter gehts links auf der ansteigenden Asphaltstraße zur geschlossenen Wasserabfüllanlage am Coll des Pedregaret **06** (650 m). Vor dem Tor geradeaus zu einer Mauer (Überstieg) und dahinter rechts (Wegweiser „Son Amer, Lluc") auf dem Camí des Porxo durch den Bosc Gran (Mauerdurchlass) zu einer Forststraße. Dieser folgen wir rechts zum Coll des Bosc Gran hinauf und dort links weiter zum Coll Pelat **07** (686 m). Auf dem linken Fahrweg gelangen wir zur nächsten Abzweigung und rechts auf dem

beschilderten Pfad zum Coll de sa Font (Leiter). Dahinter durch ein Tal führt der GR-221 vorbei an einem verfallenen Kalkofen, der Font de s'Ermita und der Ermita de Son Amer zu Olivenkulturen hinunter. Dort erreicht man die Ma-10, der man rechts bis zu einem Straßenübergang folgt. Jenseits geht's kurz neben der Fahrbahn weiter zum Parkplatz. Auf einem beschilderten Weg gelangt man auf den Hügel, auf dem das Refugi de Son Amer **08** (529 m) steht; kurzer Abstecher zu einem Aussichtspunkt 📷.

Hinter dem Gebäude wandert man auf einem markierten Pfad durch den Waldhang hinunter und vorbei an einer alten Mühle zu einem Zaun (Leiterüberstieg). Dahinter wendet man sich auf der Straße nach links und schlendert nach Lluc **01** zurück.

Dein Moment für die Ewigkeit

Urban Photography

Verlassene Orte, die sich die Natur nach und nach zurückerobert, werden auch als „Lost Places" bezeichnet. Das trifft in diesem Fall auf das Gelände um das Santuari de Lluc zwar nicht zu, jedoch erweckt diese einsame Szene den Anschein, als wäre hier seit längerer Zeit kein Mensch mehr gewesen. Dieser Eindruck der Verlassenheit hat einen ganz besonderen Reiz, den viele Fotografen bewusst suchen.

11 Im felsigen Nordwesten

Mallorcas jüngster Naturpark liegt auf der Halbinsel im Norden von Artà. Er umfasst die höchsten Gipfel der nördlichen Serres de Llevant, die bis zu 500 m hohen Muntanyes d'Artà.

Bilder von: Thomas Kargl
@maxlsbilderbuch

Puig de sa Creu – Talaia Freda

Tourencharakter
Anspruchsvolle Bergtour auf beschilderten Pfaden, dazwischen weglos im steilen Gras- und Felsgelände, das Trittsicherheit, Schwindelfreiheit und Orientierungsvermögen erfordert.

Start und Ziel
Am Parkplatz S'Alqueria Vella de Baix (218 m), etwa 5 km nördlich von Artà. Zufahrt vom westlichen Ortsbereich von Artà nach der Beschilderung „Ermita, Parc Natural" (Einbahnsystem).

Schwierigkeit: leicht - mittel - **schwer**
Dauer: **3:15 h**
Länge: **6,8 km**
Aufstieg **380 hm**
Abstieg **380 hm**

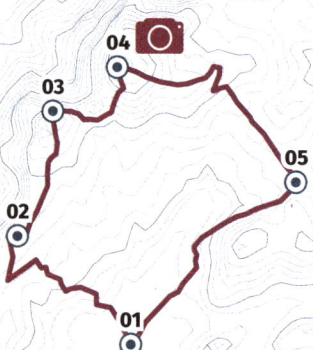

Höhenlinienmodell mit Streckenverlauf

Höhenprofil

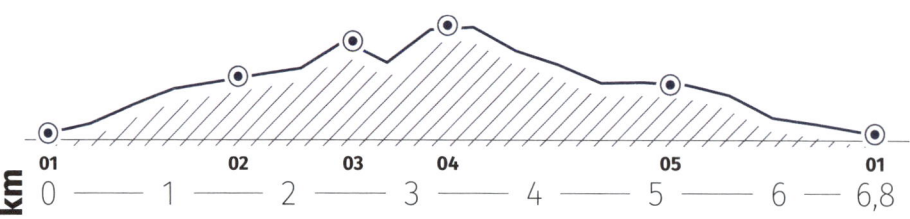

Die Natur muss gefühlt werden.

Alexander von Humboldt (1769–1859)

▶ Beim Parkplatz **01** befindet sich eine Infotafel mit allen Wanderwegen. Wir überqueren die Zufahrtsstraße und folgen der Beschilderung „GR-222, Camí de s'Ermita de Betlem". Nach einer kleinen Brückegeht es gerade an einer Abzweigung vorbei (Wegweiser „Volta als Establits de s'Alqueria Vella, Nr. 10"), bis der Fahrweg zu einem Haus abbiegt. Dort wandern wir geradeaus auf einem Pfad aufwärts, auf ca. 350 m Seehöhe scharf nach links und auf den Coll de sa Truja (342 m) zu. Kurz davor zweigen wir rechts ab (Beschilderung „Volta als Establits de s'Alqueria Vella, Itinarari 10"). Danach steiler ansteigend zu einer Mauer (Durchlass) und auf den Puig del Migdia **02** (385 m). Am Rand der Nordwestabstürze befindet sich

ein Aussichtspunkt. Von dort wandern wir geradeaus über den Rücken weiter (Steinmännchen) und hinauf zum Puig de sa Creu **03** (480 m, Kreuz).

Neben den Felsabstürzen und einer alten Mauer gehen wir zum höchsten Punkt des Berges (492 m) hinüber. Vor der felsigen Scharte, die nun sichtbar wird, steigen wir rechts steil ab und queren zu diesem Einschnitt hinüber. Nach der rechten Umgehung eines Felskopfs folgen wir den Steinmännchen schräg rechts zu den höchsten Felsen (abwärts geschichtete Steinplatten). Wir umgehen den schroffen Gipfelaufbau in der rechten Seite und erreichen die nächste Scharte. Hier Rechts um den folgenden

Felsturm herum zum Sattel am Fuße der Talaia Freda. Weiterhin rechts neben den Felsabstürzen empor und mühsam durch die steile Gras- und Schuttflanke kommen wir zum Südwestrücken hinauf. Dort links und in wenigen Minuten sind wir bei der Gipfelsäule der Talaia Freda **04** (564 m) .

Der Abstieg erfolgt rechts auf der beschilderten Route („Itinerari 13, Pujar de sa Talaia Freda") neben einer langen Mauer zu einer niedrigeren Anhöhe. Dort folgt man der Beschilderung zu einem Zaundurchgang und steigt dann auf Pfadspuren durch einen steilen Grashang ab, vorbei an einer Ruine des Hauses Ca na Paies. So erreichen wir den Camí des Presos (den „Weg der Gefangenen"), eine Schotterstraße. Wir folgen ihr nach rechts zu den Ruinen des Campament dels Soldats **05** (364 m).

Danach führt der Fahrweg über eine Rechtskurve abwärts. Gleich danach zweigen wir links auf den beschilderten Pfad ab, der über ein Bachbett in den Wald zieht und damit eine weite Straßenkehre abkürzt. Zuletzt wandern wir wieder auf der Fahrbahn hinab zur Alqueria Vella de Baix **01**.

Dein Moment für die Ewigkeit

Steiler als gedacht

Sobald du eine Person zeigst bekommt das Auge einen Größenvergleich und eine senkrechte Linie. Fotografierst du jetzt auch noch von oben (Vogelperspektive) oder von unten (Froschperspektive), verstärkst du durch die perspektivische Verzerrung die Höhe eines Berges oder die Tiefe eines Abgrundes.

12 Dolomiten am Meer?

Vor der Halbinsel Formentor zeigt die Serra de Tramuntana all ihre Wildheit sozusagen en miniature. Diese Symbiose von Gebirge und Meer erreicht mit der gezackten Serra del Cavall Bernat ihren Höhepunkt.

Bilder von: **Thomas Kargl**
@maxlsbilderbuch

Talaia Vella – Cavall Bernat

Tourencharakter
Kurze, aber anspruchsvolle Bergtour auf aussichtsreichen Pfaden und im weglosen Gras- bzw. Felsgelände, das Trittsicherheit und einen guten Orientierungssinn erfordert.

Start und Ziel
Cala Sant Vicenç (Buslinie 322); Parkplatz an der Cala Molins.

Schwierigkeit: leicht - **mittel** - schwer
Dauer: **4:15 h**
Länge: **5,2 km**
Aufstieg **300 hm**
Abstieg **300 hm**

Höhenlinienmodell mit Streckenverlauf

Höhenprofil

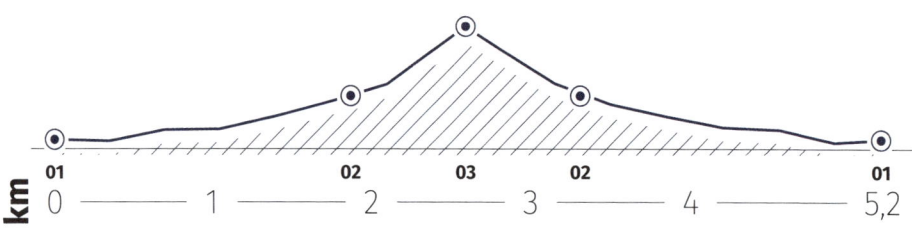

▶️ Vom Parkplatz an der Cala Molins **01** gehen wir links (Wegweiser „Cala Carbo, Port de Pollença") auf einer Asphaltstraße neben dem Meer auf die Felswände der Serra del Cavall Bernat zu 📷. Bei der folgenden Abzweigung geradeaus (Schild „Camí del Port de Pollença a Cala Carbo") und hinüber zum benachbarten Kiesstrand der Cala Carbo. Die Straße führt von dort durch einen Graben, links zu einigen Ferienhäusern über dem Meer und weiter zu einer Abzweigung. Hier weiter geradeaus zu einem einsamen Kreisverkehr, von dem wir links bergauf zum Haus Ca na Júlia gehen. Vom Straßenende geht's geradeaus auf verzweigten Pfadspuren durch den ansteigenden Grashang zwischen Zwergpalmen auf einen flachen Höhenrücken **02** (137 m, Blick auf Port de Pollença).

> Hier oben fühle ich mich frei, ich kann alle Verpflichtungen hinter mir lassen. Am Berg habe ich ein anderes Lebensgefühl als im Tal.

Gerlinde Kaltenbrunner, österreichische Alpinistin

Dort nach links eben zwischen Steinen dahin und dann auf dem ansteigenden Pfad weiter. Dann rechts der Anhöhe auf eine kleine Verebnung zwischen Gras und grobem Gestein zu einer alten Mauer. Weiter ansteigend kommt man zu einer zweiten, höher gelegenen Mauer, der man links bis zur Gratkante hinauf folgt. Dort halten wir uns nach rechts und unterhalb der Felsen schräg in die Scharte unter dem Gipfelzu einer dahinterliegenden kleinen Grasmulde. Von dort aus erklimmt man im Zickzack einige Felsstufen, bis man den höchsten Punkt der Talaia Vella **03** (352 m) erreicht. Es lohnt sich, dem felsigen Grat etwa 10 Minuten weiter Richtung Serra del Cavall Bernat bis zur nächsten Anhöhe zu folgen – toller Tiefblick ins Vall de Bóquer! Der Abstieg folgt auf der selben Route wie der Aufstieg.

Dein Moment für die Ewigkeit

Less is more

Auf Deutsch: Weniger ist mehr. Wenn dir die Stimmung einer Umgebung gefällt, dann versuche genau das einzufangen. Was macht die Stimmung aus? Du kannst nicht alles abbilden. Such dir bewusst den Bildausschnitt aus und gleiche das Ergebnis mit deiner Vorstellung ab.

13 Stille über dem Strand

Die fünf Kilometer lange Serra des Cornavaques erhebt sich als karstig-kahler Gebirgskamm
über dem kleinen Ferienort Cala Sant Vicenç
– daher wird der Gebirgszug von dieser Seite
aus auch Serra de Sant Vicenç genannt.

Bilder von: **Thomas Kargl**
@maxlsbilderbuch

Serra des Cornavaques

Tourencharakter
Anspruchsvolle Bergwanderung zunächst entlang einer Schotterstraße, dann auf stellenweise felsigen Pfaden und verwachsenen Pfadspuren, die Trittsicherheit erfordern. Im unübersichtlichen Gras- und Felsgelände ist die Orientierung schwierig.

Start und Ziel
Cala Sant Vicenç. Parkplätze entlang der Avinguda del Cavall Bernat und beim Kreisel oberhalb der Cala Barques, Bushaltestelle im Ortszentrum (Buslinie 322).

Schwierigkeit: leicht - **mittel** - schwer
Dauer: **5:30 h**
Länge: **10,9 km**
Aufstieg **550 hm**
Abstieg **550 hm**

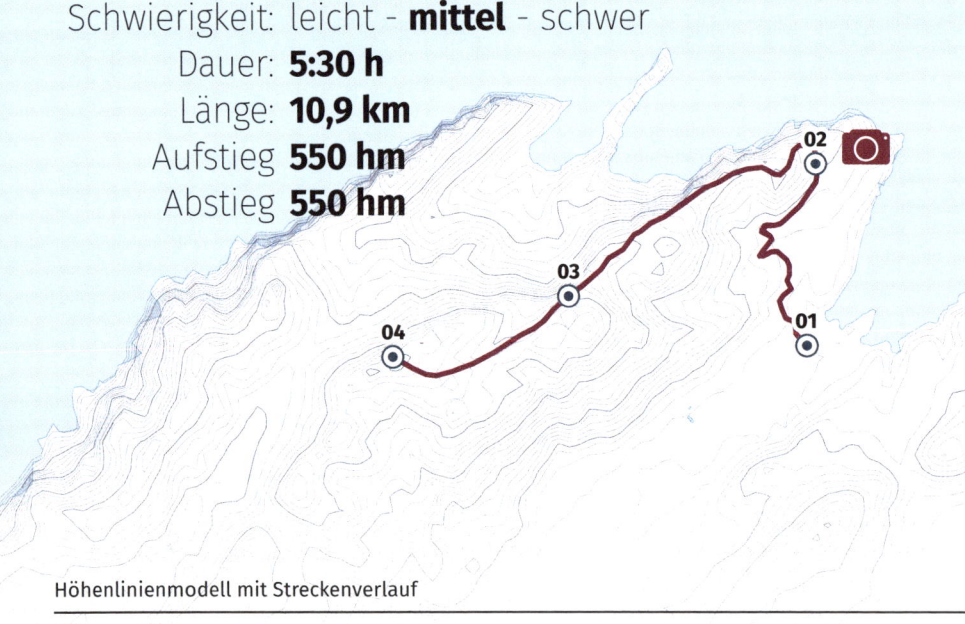

Höhenlinienmodell mit Streckenverlauf

Höhenprofil

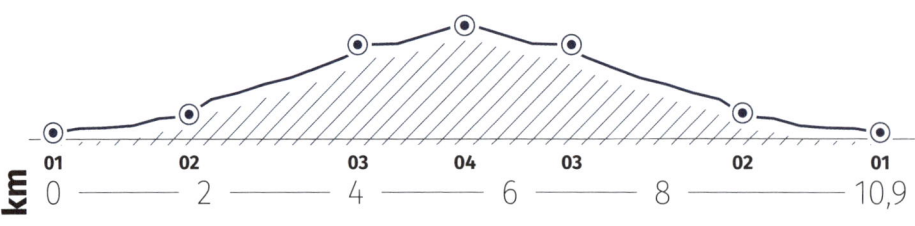

Sei wie ein Fels, an dem sich beständig die Wellen brechen! Er bleibt stehen, und rings um ihn legen sich die angeschwollenen Gewässer.

Marc Aurel, römischer Kaiser (121–180)

▶ 100 m vom Meer landeinwärts biegen wir von der Avinguda del Cavall Bernat **01** rechts auf einen Treppenweg ab. Er führt zur Einmündung einer Straße. Dort rechts und nach wenigen Metern auf einem Schotterfahrweg in den Wald, wo wir nach zwei Toren rechts abbiegen. Die sanft ansteigende Straße führt über den freien Pla de Coves Blanques und endet nach einer scharfen Linkskurve (Stollen). Gleich nach einem Wasserbecken geht's rechts auf einem Pfad (Steinmännchen) auf die Anhöhe, links über den Rücken empor und vorbei an tiefen Gruben (hier befanden sich einst Geschütze). Durch eine Mulde erreichen wir die Punta de l'Àguila **02** (199 m) 📷.

Ein Pfad zieht über das anschließende Grasplateau und im schrägen Anstieg durch einen felsigen Hang auf die nächste Kuppe. Neben der Abbruchkante wandern wir über dem Meer weiter und links darunter in einen Sattel hinab. Durch den gegenüber ansteigenden Hang kommen wir in eine kleine Mulde, übersteigen eine Mauer und sich links haltend über einen Grashang hinauf (verwachsene Pfadspuren). Links neben einer Felskuppe flach weiter, dann rechts auf den Rücken und dem Gipfelaufbau der Mola entgegen. Wir gehen über die felsige Anhöhe dazwischen und steigen rechts auf den höheren Rücken hinauf). Weiter gehen wir über den steilen und felsigen, aber gut

gangbaren Rücken empor, bis man kurz unterhalb der Gipfelfelsen der Mola **03** (474 m) rechts bleibt (Steinmännchen beachten!) und zum Rand ihrer kleinen Hochfläche gelangt (der höchste Punkt lässt sich kurz, aber mühsam links ersteigen).

Danach geht es rechts an der Hochfläche vorbei und bei einem Steinmännchen rechts unter einer niedrigen Felswand weiter. Oberhalb der Grasmulde des Torrent de les Parres gehen wir fast eben durch Geröll weiter, unter einem Sattel vorbei und dann am Fuße der anschließenden Wandstufe. Unter ihrem vorderen Ende kurz etwas abwärts und zu einer weiten, grasigen Senke.

Hier rechts daran vorbei, dann führt der Pfad unter einer dritten Felswand weiter. Bald erreichen wir den nächsten Sattel. Von dort steigen wir rechts über den steinig-grasigen Gipfelhang zum Vermessungszeichen auf dem höchsten Punkt der Serra des Cornavaques **04** an.

Nach Nordwesten bricht der Berg mit senkrechten Wänden ab – dort tut sich ein herrlicher Blick zum direkt gegenüber aufragenden „Burgberg" mit dem Castell del Rei auf. Der Berg bietet aber auch eine gute Sicht zu den hohen Gipfeln der Serra de Tramuntana und über die Bucht von Pollença. Abstieg auf derselben Route.

Dein Moment für die Ewigkeit

Unschärfe im Vordergrund

Mit dem Fokus und der Blende steuert man die Schärfe eines Bildes. Auf dem Bild ist der Vordergrund unscharf dargestellt. Die Felsen im Hintergrgund sind gestochen scharf. Ein Bild ohne scharfen Bereich ist fast immer zu vergessen. Im Zweifel sollte man die Schärfe am Display noch vor Ort kontrollieren.

14 Von wilden Ziegen und schrägen Vögeln

Diese ganz kurze und einfache Wanderung führt durch ein Tal zwischen zwei Felskämmen durch das Vall de Bóquer zum Meer – sie ist seit jeher ein Lieblingsziel britischer Vogelbeobachter.

Bilder von: Thomas Kargl
@maxlsbilderbuch

Val de Bóquer

Tourencharakter
Beliebte Wanderung auf breiten Wegen und über schmale Pfade.

Start und Ziel
Port de Pollença, Umfahrungsstraße (Ma-2210) Richtung Formentor. Parkmöglichkeiten beim dritten Kreisverkehr links (Infotafel) und auch rechts entlang der Parallelstraße. Bushaltestelle (Linien 301, 322) am Hafen, 15 Minuten zum Startpunkt.

Schwierigkeit: **leicht** - mittel - schwer
Dauer: **3:00 h**
Länge: **4,8 km**
Aufstieg **60 hm**
Abstieg **60 hm**

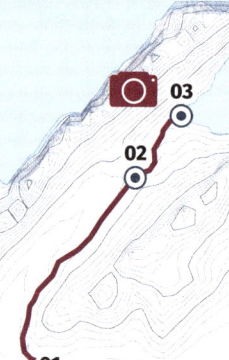

Höhenlinienmodell mit Streckenverlauf

Höhenprofil

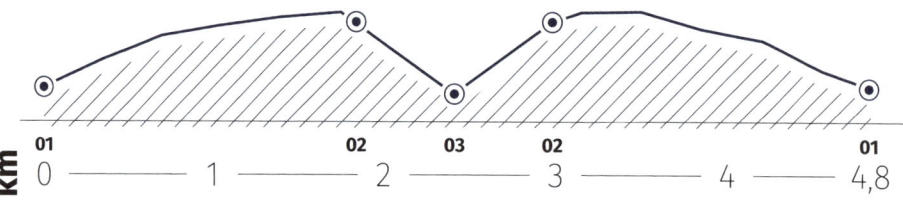

▶ Vom Schotter-Parkplatz **01** (Infotafel) folgen wir einem Fahrweg neben dem Siedlungsgebiet links abbiegend zu einem Tor. Dahinter passieren wir das wie eine kleine Burg befestigte Landgut Bóquer und ein weiteres Tor. Rechts geht's kurz auf einer Betontrasse bergauf.

Der anschließende Schotterweg schlängelt sich zwischen riesigen Felsformationen ins weite, mit Gebüsch und Zwergpalmen bewachsene Vall de Bóquer (Mauerdurchlässe). Das Gemecker verwilderter Ziegen begleitet uns auf dem Weg zum flachen Coll del Moro **02** (78 m).

Dahinter verzweigt sich der Weg: Rechts führt ein Pfad zu einem 10 Minuten entfernten Aussichtspunkt oberhalb der Cala Bóquer. Links gelangt man durch steile Hänge hinunter zum Kiesstrand der Bucht **03** 📷. Rückweg auf derselben Route.

Die kleinste Bewegung ist für die ganze Natur von Bedeutung; das ganze Meer verändert sich, wenn ein Stein hineingeworfen wird.

Blaise Pascal (1623–1662)

Dein Moment für die Ewigkeit

Natürlich unnatürlich

Die türkisen Farben des Wassers wirken wie aus einem Karibikprospekt. Wenn uns die Natur schon spektakuläre Farben schenkt sollten wir es dabei belassen. Diese unnatürlich wirkende Farbe fasziniert uns, das sollte uns aber nicht dazu verleiten mit der Sättigung oder anderen Filtern noch zu verstärken

15 Nichts für schwache Nerven!

Selbst in der wilden Felslandschaft der Halbinsel Formentor ist der Fumat eine singuläre Erscheinung. Nach Norden hin protzt er mit einer überhängenden Felswand, die ein Tunnel der Ausflugsstraße durchsticht.

Bilder von: **Makeila Lundy @makeilalundy**

Cala en Gossalba – El Fumat

Tourencharakter
Bergtour auf teils verwachsenen, nur mit Steinmännchen markierten Pfaden und in weglosem Gras; kurze Kletterstelle im Felsgelände.

Start und Ziel
An der Straße von Port de Pollença Richtung Cap de Formentor (Ma-2210) nördlich der Roca Blanca (170 m); Parkplatz für 4 Autos bei Km 14,9 (im Juli/August gesperrt); einzelne Parkmöglichkeiten bieten sich auch entlang der Anfahrtsstraße.

Schwierigkeit: leicht - **mittel** - schwer
Dauer: **2:30 h**
Länge: **4,4 km**
Aufstieg **330 hm**
Abstieg **330 hm**

Höhenlinienmodell mit Streckenverlauf

Höhenprofil

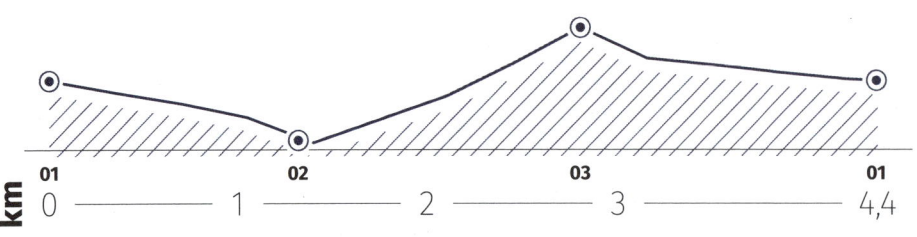

▶ Gegenüber dem Parkplatz **01** 📷 (Schild „Finca Cala Murta") führt ein Pfad durch eine grasige Mulde östlich unter der Roca Blanca hinab. Bald wandern wir unter Kiefern und neben einem trockenen Bachbett weiter. Der Pfad endet knapp oberhalb der 25 m breiten Kiesbucht der Cala en Gossalba **02**, zu der man links absteigt. Wieder hinauf zum Pfad und auf diesem nach links, wo er bald endet. Nun weglos, etwa auf gleicher Höhe bleibend, durch den felsigen Hang hinüber zum Torrent de les Agulles, der in eine winzige Nachbarbucht mündet.

Dein Moment für die Ewigkeit

Kontrast

Farbe in ein Motiv bringen das auch in der Realität wenig Farbe besitzt ist keine gute Idee bei der Nachbearbeitung oder bei der Auswahl des Bildmodus. Versuche den Kontrast der gegebenen Licht- und Farbverhältnisse zu nutzen und zu verstärken.

sa Cova de l'Almangra
les Antenes
Punta de les Fonts Salades
Almangra
Cap de Catalunya
297
221
325
es Forat
387
221
Coll de l'Home
434
el Pal
Cova dels Morts
Morro de Catalunya
es Clapers
Cases de Cala Murta
235
Pinar de les Arenes
Ma-2210
Cases Velles de Formentor
Coll dels Bous
168
lles de l'Ase
Coll de l'Olivardar
125
Mosquera d'en Miquel
156
Puig dels Sellers
204
252
Coll Ras
173
Putxet
na Blanca
327
Coma Freda
Font de Cala en Feliu
Hotel Formentor
el Seller
Punta del Conill
34
Illa de Formentor

1 : 50 000

Punta dels Aucells
Punta d'en Tomàs
Cingle de les Lletreres
Xon Xanquete
Cala Figuera
299
Roca Blanca
el Fumat
el Fumat
Puig Garballó
258
156
Cala Murta
Mirador
es Castellet
Punta de les Salines
Ca n'Llis
Cala en Forat
Punta de Can Panxa
Cala en Feliu
sa Cova d'en Llorenc

203
01
P
es Coconet
Camí Vel de Far
325
205
02
156
Cala en Gossalba
Morro del Pont
Racó de na Clara

Cova del Patró
sa Cova de la Sirena
279
Puig de la Pinya
258
Camí Vel de Far
237
Pla de les Basses
159
Torrent de l'Avenc
231
Far de Formentor
169
Mirador del Moll del Patronet
ses Coves del Cap
les Moles
Ca n'Eloi
sa Cova de na Ruixa
Racó de les Arcades
l'Enfront Roig
Punta del Vent

Cap de Formentor

12

Hier folgen wir dieser kleinen Schlucht bergauf, erklimmen einen kleinen Felsabbruch und passieren nach 10 Minuten eine Höhle. Danach weitet sich der Graben zu einer grasigen Mulde, in der wir auf etwa 200 m Seehöhe auf einen schön angelegten Pfad stoßen. Dies ist der Camí Vell del Far, der einstige Verbindungsweg von der Cala Murta zum Leuchtturm am Cap de Formentor, dem wir nach links folgen. In weiten, ganz sanft ansteigenden Kehren erreichen wir den Felseinschnitt des Coll de la Bretxa (251 m). Wir zweigen rechts ab und gehen weglos über Felsplatten und gestuftes Gestein zum Gipfel des Fumat **03** (335 m) hinauf.

Diejenigen, die am Meer leben, können kaum einen einzigen Gedanken bilden, von dem das Meer nicht ein Teil wäre.

Hermann Broch (1886–1951)

Abstieg: Auf dem felsigen, aber gut gangbaren Ostkamm (rote Punkte, Steinmännchen) wandern wir hinunter zum Coll de la Creu. Dort erreichen wir wieder den Camí Vell de Far, auf dem wir in den Sattel vor der Roca Blanca gehen. Danach links in Kehren zur Formentor-Straße hinunter und auf dieser nach rechts zum Ausgangspunkt **01** zurück.

16 Tipps für Stadtstreicher

Für die Mallorquiner ist sie ganz einfach „ciudad "– die Stadt. Der offizielle Name der Inselmetropole, in der über 450.000 Menschen leben, bürgerte sich erst im 18. Jahrhundert ein, geht aber auf die Römer zurück (palmaria = Siegespalme).

Bilder von**: Thomas Kargl**
@maxlsbilderbuch

Palma – durch die Altstadt

Tourencharakter
Ausgedehnter Stadt-Spaziergang.

Start und Ziel
Palma, Parc de la Mar unterhalb der Kathedrale. Zufahrt mit Bahn oder Bus zur Estació Intermodal an der Plaça d'Espanya – von dort Stadtbus (zB Linie 23) bis Parc de la Mar (oder man beginnt den Stadtrundgang gleich an der Plaça d'Espanya).

Schwierigkeit: **leicht** – mittel – schwer
Dauer: **4:00 h**
Länge: **4,4 km**
Aufstieg **30 hm**
Abstieg **30 hm**

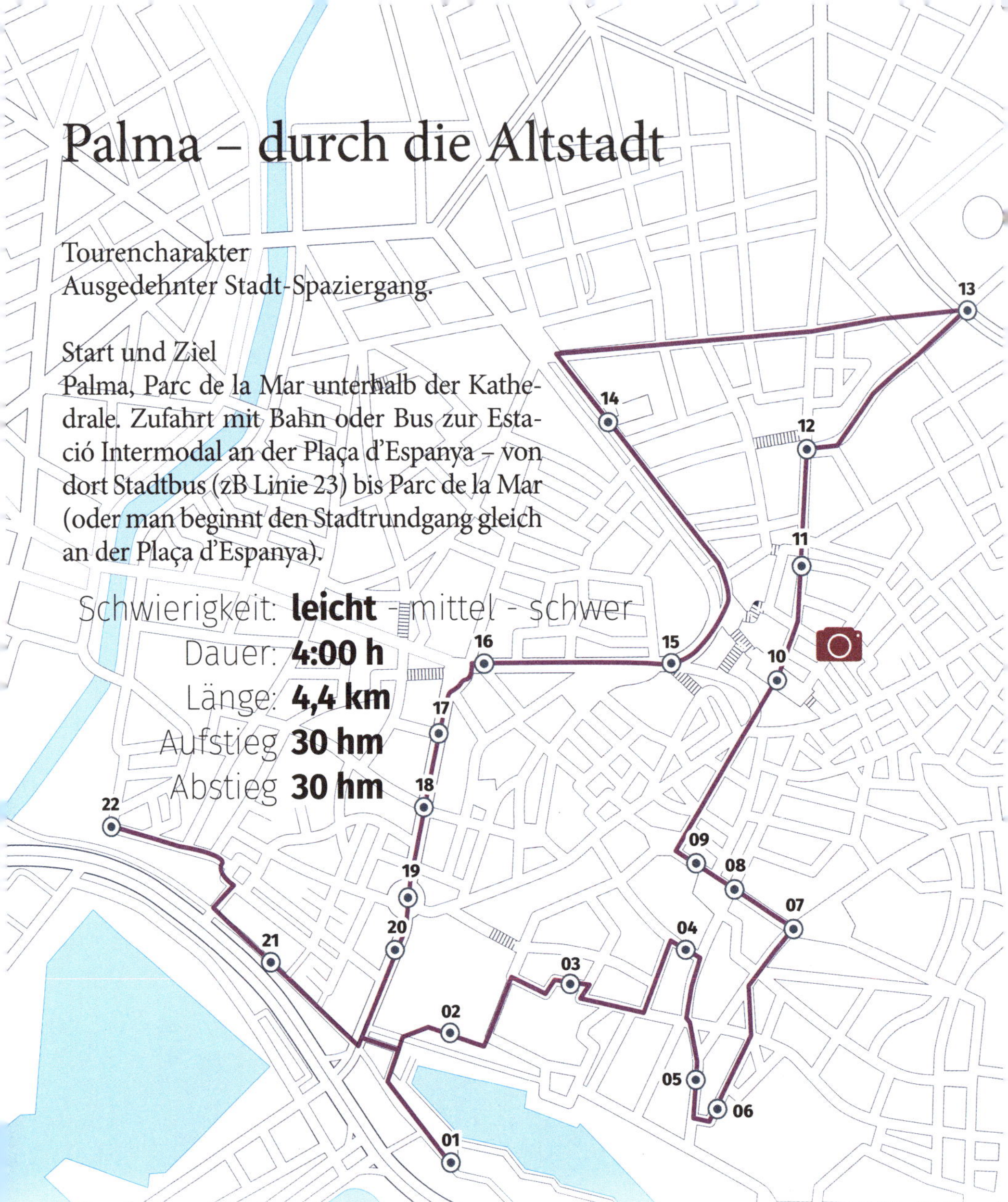

Höhenlinienmodell mit Streckenverlauf

Höhenprofil

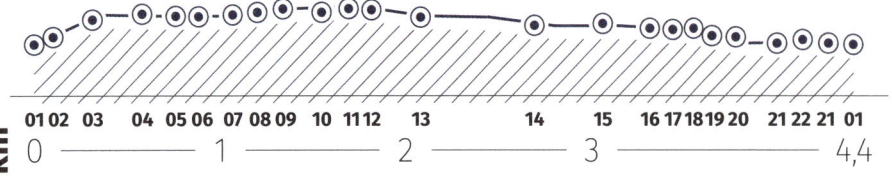

Gott machte das Land, der Mensch die Stadt.

William Cowper (1731–1800)

▶ Unser Stadtspaziergang führt vom Ausgang der Tiefgarage mit Blick über den Teich des Parc de la Mar **01** zur Stadtmauer. Darüber stehen der Palau Reial de l'Amudaina **02** und die Kathedrale **03**, das Wahrzeichen von Palma. Dahinter folgen wir der Beschilderung „Banys Àrabs" zum C/. de Sant Pere Nolasc. An dem links abzweigenden C/. de Can Anglada (Nr. 2A) steht der Stadtpalast Can Marquès **04**. Am oberen Ende dieser Straße schwenkt man dann rechts in den C/. de Almudaina, wo wir einen Torbogen durchschreiten – dies ist der letzte Rest der arabischen Stadtbefestigung. Nun rechts in den C./ de Morey und links in den C/. de Portella. Dort findet man das Museu de Mallorca **05**. Danach zweigen wir

links auf den C/. de Can Serra zu den Banys Àrabs **06** ab.

Der nächste Höhepunkt folgt auf der Placa de Sant Francesc mit dem gleichnamigen Kloster **07**. Weiter geht's zur gotischen Església de Santa Eulàlia **08** und zur Plaça de Cort mit dem Rathaus **09**. Am C/. de Colom zum Durchgang zur Plaça Major **10** **⊙**. Gerade über den Platz erreichen wir den C/. de Sant Miquel mit der gleichnamigen Kirche und dem Museu d'Art Espanyol Contemporari **11**. Von der nahen Plaça Olivar sollte man rechts der großen Markthalle (Mercat de l'Olivar) **12** einen Besuch abstatten, aber auch der Plaça d'Espanya **13** (Bahnhof). Über den C/. dels Oms mit seinen Geschäften geht's zum

Passeig de la Rambla **14**; die Flaniermeile führt links Richtung Plaça Major zurück. Vorbei am Teatre Principal kommen wir zum einstigen Grand Hotel an der Plaça de Weyler **15**. Über die Plaça Mercat und den C/. de Unió zur Plaça del Rei Joan Carles I. **16**. Von dort flanieren wir auf dem Passeig des Born **17** Richtung Meer. Vorbei am Casal Solleric **18** geht's zur Plaça de la Reina. Links oben sehen wir die auffallende Loggia des Palau March **19**. Wenn man den Carrer del Conquistator überquert, befindet man sich in den S'Hort del Rei **20**, die sich unterhalb des Almudaina-Palasts bis fast zum Parc de la Mar hinziehen.

Zuletzt lohnt sich ein Abstecher in den Westen der Altstadt zur Llotja dels Mercaders **21**. In der Folge passieren wir ein Tor und das Consolat de la Mar. Danach geht's rechts zur dahintergelegenen Plaça Drassanes, auf der wir uns nach links halten. So erreichen wir den Carrer de Sant Pere, der geradewegs auf die Terrasse vor dem Museu Es Baluard **22** zieht. Von der Stadtmauer überblickt man den riesigen Hafen bis zum Castell de Bellver oberhalb der westlichen Stadtteile. Den Rückweg kürzen wir ab und gehen nach der Llotja dels Mercaders **21** geradeaus weiter zurück zum Parc de la Mar **01**.

Dein Moment für die Ewigkeit

Halte die Augen offen!

Welche Bilder sprechen dich an? Als Fotograf muss man seinen Blick schärfen. Schau dir Bilder die dich fesseln genau an und versuche zu verstehen, was das Bild besonders macht. Ein Tipp ist Reduktion. Auch ein simples Motiv kann begeistern.

17 Sehenswürdig?

„Mallorca ist nur einmal im Jahr!" Songtitel wie diese verheißen nichts Gutes, stehen aber für eine Urlaubseinstellung, die den Ruf der Insel als Party-Hotspot geprägt hat. Wer neugierig ist und sich das Geschehen selbst ansehen will, verbindet dies am besten mit einem Abendspaziergang auf der Promenade.

Bilder von: Thomas Kargl @maxlsbilderbuch

Zum Balneario 6

Tourencharakter
Einfache Tour, die eher als Spaziergang zu betrachten ist. Gemütliche Schuhe und Badesachen sind gute Begleiter.

Start und Ziel
Can Pastilla; mehre Parkplätze und eine gute Anbindung mit Bussen – von Palma zum Beispiel mit der Linie 25.

Schwierigkeit: **leicht** - mittel - schwer
Dauer: **1:30 h**
Länge: **7,6 km**
Aufstieg **20 hm**
Abstieg **20 hm**

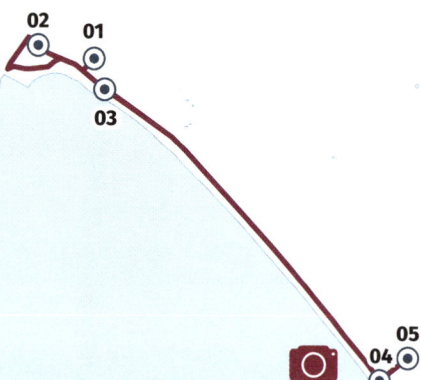

Höhenlinienmodell mit Streckenverlauf

Höhenprofil

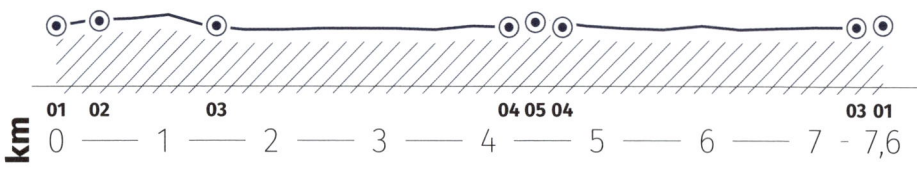

Zwischen Can Pastilla und El Arenal befindet sich der Strandabschnitt der speziell bei deutschsprachigen Partygästen gefragt ist. Seit den 1980er Jahren kommt es an diesem Strandabschnitt jedes Jahr zu Exzessen, die von der Regional-Regierung immer mehr reguliert werden. An dem langen Sandstrand reiht sich eine Hotelburg an die andere. Von Can Pastilla bis nach El Arenal befinden sich die berühmten Strandkioske, von denen der Balneario nummero 6 sicher der bekannteste ist. Er wurde eingedeutscht mit Ballermann 6. Wer das Schauspiel selbst einmal erleben möchte, den laden wir auf einen Flanier-Spaziergang ein. Ein Tipp noch: Je später der Abend, desto verrückter sind die Begegnungen. Wir empfehlen eine Sonnenuntergangstour.

▶ Los geht es in Can Pastilla **01** beim Parkplatz oder einer nahe gelegenen Bushaltestelle. Der Ort lädt zu einer kleinen Runde vorbei an der Kirche **02** und dem Sporthafen ein. Danach starten wir in Richtung Strandpromenade **03** und dem ersten Balneario der nummerisch der letzte ist und zwar die Nummer 15. Mit dem Sonnenuntergang im Rücken geht es jetzt immer der Promenade entlang. Dabei lädt auf der rechten Seite der Sandtrand zum Baden ein **◯**. An den zunehmenden Menschenmassen und der Stimmung ist zu erkennen, dass man sich langsam dem Zentrum der Vegnügunsmeile nähert. Zwischen dem Balneario 7 und 6 **04** geht es Richtung der bekannten Schinkenstraße. Wer nicht in Partylaune ist, dem empfehlen wir hier umzudrehen.

Ansonsten biegt man hier links ab, bis man beim viel besungenen „Bierkönig" **05** angekommen ist. Der Rückweg führt über die Strandpromenade wieder retour bis zum Ausgangspunkt.

Du bist der Bierkönig
Die Kneipe, die mich süchtig macht
Das hätt' ich nie gedacht
Komm von dir nicht mehr los

Partyhit von Mia Julia & Ikke Hüftgold

Dein Moment für die Ewigkeit

Sonnenstern

Der Sonnenstern wird durch eine geschlossene Blende (z. B. f22) erzeugt. Deshalb heißt er auch Blendenstern. Auf dem Bild wirkt er stärker, weil er sich am Sonnenschirm bricht. Such dir solche Kanten, an denen die Lichtstrahlen wirken können.

18 Der Berg des Philosophen

Der 540 m hohe Klosterberg über Randa ist unübersehbar. Gemäß Urkunden lebten dort oben schon im 15. Jahrhundert Einsiedler – sie beriefen sich auf den heute noch auf Mallorca berühmten Philosophen Ramon Llull (1232 oder 1233–1316).

Bilder von: **Thomas Kargl**
@maxlsbilderbuch

Randa - Cura

Tourencharakter
Bergwanderung auf alten, stellenweise steilen Pilgerwegen, zum Teil auch auf einer Straße (oft viel Ausflugsverkehr).

Start und Ziel
Randa (276 m) zwischen Algaida und Llucmajor. Anfahrt von Algaida auf der Ma-5010 Richtung Llucmajor, nach der Beschilderung „Cura" in den Ort und ins Tal am Fuß des Berges; eine Parkmöglichkeit findet sich nach 300 m rechts. Alternativ mit dem Bus von Palma (Linien 403 und 402).

Schwierigkeit: leicht - **mittel** - schwer
Dauer: **2:15 h**
Länge: **7,3 km**
Aufstieg **260 hm**
Abstieg **260 hm**

Höhenlinienmodell mit Streckenverlauf

Höhenprofil

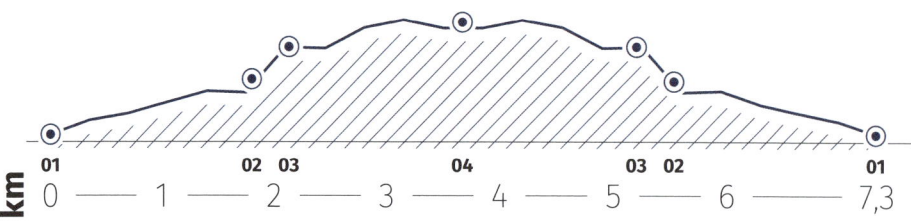

Ein Einsiedler ist jemand, der auf die Welt der Bruchstücke verzichtet, um sich an der ganzen Welt ohne Unterbrechung zu erfreuen.

Khalil Gibran (1883–1931)

▶ Im Ortszentrum von Randa **01** folgen wir der Beschilderung „Cura" und marschieren auf der Asphaltstraße Ma-5018 in den Graben zwischen dem Haupt- und dem Südwestgipfel des Berges hinauf. Nach gut 500 m – in der ersten Linkskehre – zweigt rechts ein Pfad ab (Tor). Er führt durch den Graben zu einer Mauer (Durchlass). Gleich dahinter, an der Straße, rechts zum großen Tor des Santuari de Nostra Senyora de Gràcia **02** (385 m).

Die dahintergelegene Einsiedelei duckt sich unter hohe, gelbe und durch Netze vor Steinschlag geschützte Felswände (zauberhafter Picknickplatz, Traumblick über die Ebene). Zurück zur Hauptstraße, der wir nun nach rechts folgen. Gleich in der Linkskurve wieder rechts auf einen Pfad abzweigen (Steinmännchen). Dies ist der alte Pilgerpfad, der zum Parkplatz vor dem Santuari de Sant Honorat **03** (470 m) emporzieht. Die Einsiedelei ist noch bewohnt, man verhalte sich dort also bitte ruhig.

Nun folgen wir der asphaltierten, sanft abfallenden Zufahrt zur Hauptstraße, auf der wir rechts ansteigen. In der Kehre nach Km 2,7 biegen wir links auf einen steilen Pfad ab, kreuzen die Straße noch zweimal und folgen ihr schließlich über das Gipfelplateau

– vorbei an den Sendeanlagen – zum Santuari de Cura 04 (540 m) 📷. Hier haben wir eine tolle Aussicht über die Inselebene Es Pla bis zum Meer und zur Serra de Tramuntana.

Zurück geht's auf derselben Route. Man kann auch vom Parkplatz vor dem Santuari auf einer asphaltierten Seitenstraße links (nach Süden) hinabwandern. Unterhalb der Gebäude rechts zu einem versperrten Gitter, links davon auf einem Pfad ins Gebüsch und neben einer Mauer zu einem Tor.

Dahinter klafft eine Höhle in der Felswand – hier soll Mallorcas berühmtester Philosoph und Mystiker Ramon Llull meditiert haben, woran eine (leider zerstörte) Statue erinnert. Ein paar Schritte weiter sieht man eine verfallene Mauer, dort führen links Pfadspuren in den Waldhang hinab.

Die teils verwachsene Route führt sehr steil abwärts und erreicht eine Geröllhalde. Unterhalb davon führt ein breiter Weg links zur ca. 200 m entfernten Straße. Auf dieser zurück nach Randa 01.

Vordergrund

Während der Hintergrund eines Bildes in der Regel ruhig und nicht zu farbenfroh sein sollte, gilt diese Regel für den Vordergrund nicht. Frei nach dem Leitspruch „Vordergrund macht Bild gesund" darf es hier auch bunter werden.

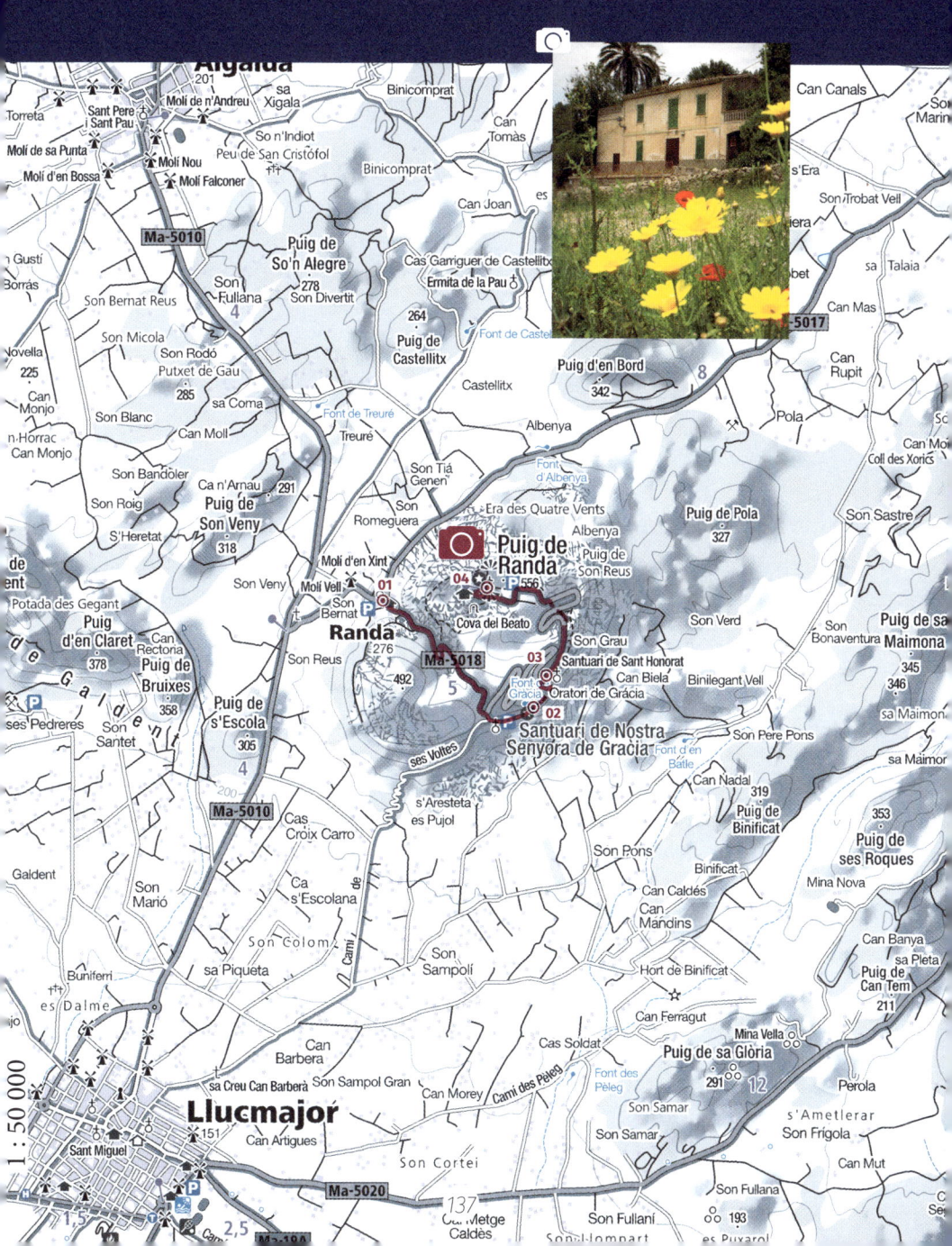

19 Die Totenstadt am Meer

Hinter einem 5 km langen Strand-, Dünen- und Waldgebiet der Bucht von Alcúdia, das sehr unberührt geblieben ist, liegt das 395 ha große Landgut Son Real. Als „öffentliches Land" weist es mehrere beschilderte Wanderwege auf.

Bilder von: Thomas Kargl @maxlsbilderbuch

Son Real – zur „Totenstadt" am Meer

Tourencharakter
Flache Küstenwanderung – teils über beschilderte Pfade auf Schotterstraßen und sandigen Fahrwegen.

Start und Ziel
Am Westrand der Feriensiedlung Son Serra de Marina an der Bucht von Alcú-dia. Zufahrt von der Ma-12 (Can Picafort – Artà) bei Km 14,4; Parkmöglichkeit in den Seitenstraßen um den Hafen. Bus von Can Picafort (Linie 302).

Schwierigkeit: **leicht** - mittel - schwer
Dauer: **3:45 h**
Länge: **12,8 km**
Aufstieg **30 hm**
Abstieg **30 hm**

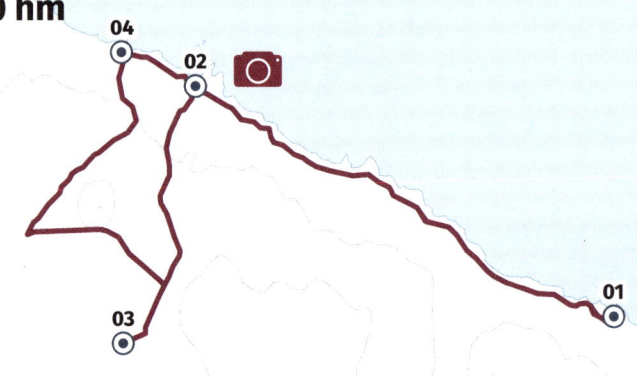

Höhenlinienmodell mit Streckenverlauf

Höhenprofil

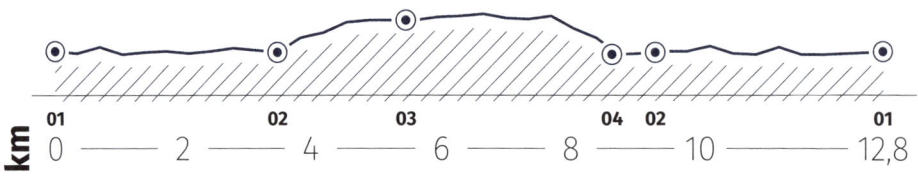

▶ Vom kleinen Sporthafen in Son Serra de Marina **01** wandern wir auf dem Fahrweg neben dem Meer zum Sandstrand an der Lagune des Torrent des Revellar. Weiter entlang der felsigen Küste, vorbei an Hütten (Caseta des Civils) und den kleinen Landspitzen Es Serralot bzw. Punta Llarga de Son Real. Dahinter liegt der 1 km lange Sandstrand des Arenal d'en Casat. An seinem vorderen Rand erreichen wir die weit ins Meer hinausragende Felszunge der Punta des Patró, hinter der wir die kleine Illa des Porros sehen. An der Küste **◉** steht ein Marine-Obelisk **02** (Infotafel), bei dem wir

links abzweigen. Ein breiter Sandweg führt in den Wald und nach einem Zaun (Leiterübersteig) an einer (geschlossenen) Schutzhütte vorbei. Nach einem kurzen Anstieg windet sich die Schotterstraße durch die herrlichen Kiefernwälder des Pinar de Son Real.

Bei einer Abzweigung und der darauffolgenden Kreuzung geht's jeweils geradeaus weiter (Weg Nr. 2). Nach ca. 2 km erreichen wir das Tor vor den Gebäuden des Landguts Son Real **03**. Zurück auf dem Zugangsweg (Beschilderung Nr. 2) zur erwähnten Kreu-

Der Mensch ist erst wirklich tot, wenn niemand mehr an ihn denkt.

Bertolt Brecht (1898–1956)

zung. Von dort links auf dem Weg Nr. 4 im weiten Bogen durch den Pinar de Son Real wieder zur Küste (Abkürzung weiter vorne links auf dem Weg Nr. 3). Am Meer, jenseits des Zauns (Leiterüberstieg), finden wir die Necropolí de Son Real **04**. Links gelangen wir neben der flachen Felsküste wieder zum Marine-Obelisken **02** hinüber. Interessanter ist es jedoch, hinter dem Zaun kurz auf dem Weg Nr. 3 zurückzugehen, bis links ein beschilderter Pfad zu

einem Dolmen abzweigt. Er schlängelt sich durch das freie Gelände oberhalb einer kleinen Felsstufe zu dieser kreisförmigen Begräbnisstätte. Wenige Schritte davor führen Pfadspuren auf die Küste zu. Durch eine niedrige und harmlose Felsrinne kommt man wieder zum Zaun (Leiterüberstieg) und an einer Grotte vorbei zum breiten Weg am Meer. Hier dann rechts zum Obelisken und neben dem Meer zum Ausgangspunkt **01** zurück.

Dein Moment für die Ewigkeit

Silhouette

Ein Stilmittel moderner Landschaftsfotografie ist die Platzierung von Personen. Die Perspektive und Positionierung ist so gewählt, dass sie klar zur Geltung kommen aber nicht wirklich erkannt werden. So wie hier kommt die Silhouette vor dem ruhigen Meer in der Abendsonne besonders gut zur Geltung.

143

20 Im „heiligen Land"

Im 19. Jahrhundert gründeten Bauern und Fischer auf der Península de Llevant nördlich von Artà eine kleine Kolonie. Im öden Bergland oberhalb davon entstand im Jahre 1805 ein kleines, nach dem Geburtsort Jesu benanntes Heiligtum.

Bilder von: Thomas Kargl @maxlsbilderbuch

Ermita de Betlem – Sa Coassa

Tourencharakter
Bergwanderung auf einem historischern Pilgerweg.

Start und Ziel
Nahe der Feriensiedlung Betlem an der Bucht von Alcúdia. Zufahrt von der
Ma-12 (Can Picafort – Artà) und auf der Ma-3331nach Colònia de Sant Pere
und weiter Richtung Betlem; großer Parkplatz bei Km 7,5 auf der linken Seite.

Schwierigkeit: leicht - **mittel** - schwer
Dauer: **2:45 h**
Länge: **5,8 km**
Aufstieg **300 hm**
Abstieg **300 hm**

Höhenlinienmodell mit Streckenverlauf

Höhenprofil

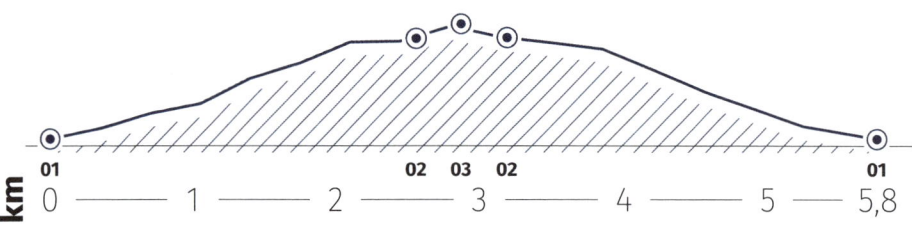

Je näher dem Kloster, desto ärmer die Bauern.

Sprichwort

▶ Von der Infotafel gegenüber dem Parkplatz **01** gehen wir auf der bergwärts abzweigenden Betonpiste (Wegweiser „Ermita de Betlem, s'Alqueria Vella") zu einem Tor (Leiterübersteig). Wir folgen hier einem Abschnitt des Fernweges GR-222, der an einer alten Kaserne (heute ein Ferienheim für Kinder) und den verlassenen Gebäuden der Cases de Betlem vorbeiführt. Nach einem Mauerdurchlass zweigen wir links auf einen schmalen, teils sogar noch gepflasterten Pilgerweg ab (Wegweiser).

Oberhalb einer Wildbach-Verbauungsmauer wandern wir stellenweise über glatt geschliffenes Gestein in den Comellar des Grau, einen weiten Talkessel. Der Pfad windet sich nun unter überhängenden und von Grotten zerfressenen Felswänden nach oben. Nach zwei Mauerbreschen geht's kurz flach weiter, dann wird der Weg breiter und steigt wieder in Kehren an. Knapp eine Stunde nach dem Start erreichen wir nach einer Linkskehre (Richtungspfosten) den Sattel des Coll de s'Ermita.

Gleich dahinter zweigt der GR-222 links Richtung „s'Alqueria Vella" ab – wir bleiben jedoch geradeaus und gehen zu einem Tor, hinter dem die Quelle der Font d'es Ermita neben einer Lourdesgrotte gutes Wasser spendet; Steintische und -bänke unter Platanen laden zur Rast. Der Weg führt in wenigen Minuten hinüber zur Ermita de Betlem **02** (280 m). Zypressen säumen den Weg zur kleinen, klassizistischen Wallfahrtskirche, deren Altar ein Bildnis der Geburt Jesu zeigt.

Wenn wir links um das Gebäude herumgehen, finden wir hinten in der Umgrenzungsmauer ein kleines Tor. Dahinter zieht ein Pfad durch den Grashang auf die Kuppe Sa Coassa (322 m). Unterhalb einer Hausruine **03** aus dem Spanischen Bürgerkrieg genießt man einen herrlichen Blick über die Bucht von Alcúdia bis zur Tramuntana 📷. 20 Minuten hin und zurück. Der Abstieg erfolgt auf der Anstiegsroute. 0:45 h.

Dein Moment für die Ewigkeit

Tücken des Automatik-Modus

Beweg dich so schnell wie möglich aus der Komfortzone Automatikmodus heraus und lerne die Einstellungen deiner Kamera kennen. Ein klassischer Fehler ist das automatische Auslösen des Blitzes bei dunklen Teilbereichen des Bildes. Sofern du nichts im Nahbereich der Kamera aufhellen willst, wird dir der interne Blitz nichts bringen. Arbeite lieber mit der gegebenen Lichtsituation.

21 Das schönste Ende
der Welt

An der Punta des Caló geht es ruhig zu – es sei
denn, der Wind peitscht gegen die Küste, die
er in Jahrtausenden mitgeformt hat.

Bilder von**:** Thomas Kargl
@maxlsbilderbuch

Zur Punta des Caló

Tourencharakter
Flache Küstenwanderung mit Bademöglichkeit. Die Tour ist etwas entlegen und man kann den Massen perfekt entfliehen. Es gibt zwar Lokale im kleinen Feriendorf, es empfiehlt sich aber, genügend Wasser mitzunehmen.

Start und Ziel
Nahe der Feriensiedlung Betlem an der Bucht von Alcúdia. Zufahrt von der Ma-12 (Can Picafort – Artà) auf der Ma-3331nach Colònia de Sant Pere und weiter Richtung Betlem; großer Parkplatz bei Km 7,5 auf der linken Seite.

Schwierigkeit: **leicht** - mittel - schwer
Dauer: **2:00 h**
Länge: **9,6 km**
Aufstieg **70 hm**
Abstieg **70 hm**

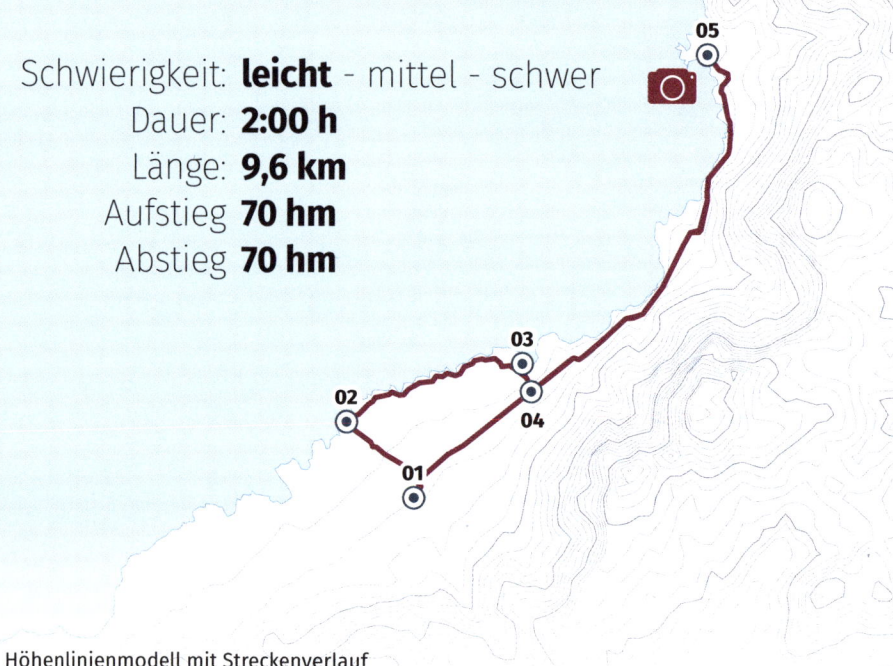

Höhenlinienmodell mit Streckenverlauf

Höhenprofil

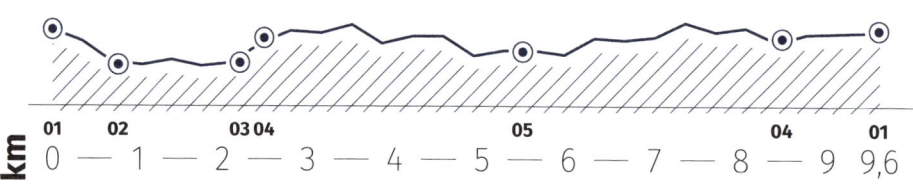

Es gibt nichts Schöneres als die Art und Weise, wie der Ozean sich weigert, mit dem Küssen der Küste aufzuhören, egal wie oft er weggeschickt wurde.

Sarah Kay, US-amerikanische Spoken-Word-Performerin

▶ Vom Parkplatz **01** aus starten wir die Tour links Richtung Meer. Zwischen den Büschen muss man Ausschau halten nach dem Weg, der gerade zur Küste führt. Dort angekommen **02** öffnet sich der Blick auf die gesamte Bucht von Alcúdia.

Die Küste ist vom Meerwasser und dem Wind zerfressen. Die Klüfte laden zum Klettern und Erforschen ein. Der Weg, den wir in Richtung dem kleinen Ort Betlem folgen, verläuft angenehm flach. Betlem ist ein ehemaliges Fischerdorf in dem zwar Appartments Einzug gehalten haben, von Ho-

telburgen ist hier jedoch nichts zu sehen. Es geht eher beschaulich und exklusiv zu, wie der eine odere andere Blick in die Gärten der Villen verrät. Wenn wir dem Mee weiter folgen kommen wir zu einer kleinen Bucht **03**, die selbst im Sommer eher einsam ist. Hier bedeckt Seegras den Sandstrand. Ein Sprung ins Wasser ist trotzem empfehlenswert und eröffnet einen schönen Blick auf die Sandsteinküste.

Von der Bucht weg geht es zwischen den Bungalows und Villen bis zu der geraden Straße, die aus dem Ort führt. Hier biegen

wir aber nach links **04** ab und gehen aus dem Ort hinaus. Der Asphalt verschwindet bald wieder; weiter geht's zwischen Pinien und vorbei an den unzähligen Stachelpalmen. Wir folgen dem Weg bis zum Stein- plateau am Ende der Punta des Caló **05** 📷. Der Rückweg erfolgt auf der gleichen Route. Als kleine Abkürzung bietet es sich an, der Straße bis zum Ausgangspunkt zu folgen.

Dein Moment für die Ewigkeit

Auf Tauchgang

Während Fotografen in der Regel die Mittagssonne meiden, gilt dies nicht bei der Unterwasserfotografie. Fällt das Licht nämlich seitlich ein, reflektiert das Wasser, sodass in größeren Tiefen kaum noch Licht ankommt. Die beste Tageszeit hierfür ist somit die Mittagszeit, wenn die Sonne senkrecht steht.

22 „Stairway to heaven"

Über dem geschäftigen Ort Artà thront die
Kirche Sant Salvador, die man über eine lange
Treppe erreicht. Außerhalb des Ortes blühen
im Frühling die Mandelbäume.

Bilder von: **Thomas Kargl**
@maxlsbilderbuch

Artá

Tourencharakter
Gemütliche Stadttour mit einem kurzen Abstecher aus der Stadt und zur erhabenen Kirche, die einen wunderbarem Ausblick verspricht.

Start und Ziel
Artá im Nordosten Mallorcas. Als Startpunkt bietet sich der kostenlose Parkplatz am Stadtrand an (Carrer de la Pau, 12). Von dort sind es nur wenige Meter bis zum alten Bahnhof, wo man die Tour beginnt, wenn man mit dem Bus anreist (Linien 421 und 411).

Schwierigkeit: **leicht** - mittel - schwer
Dauer: **1:45 h**
Länge: **3,9 km**
Aufstieg **30 hm**
Abstieg **30 hm**

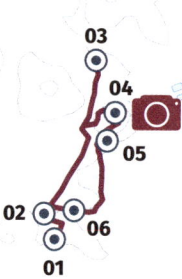

Höhenlinienmodell mit Streckenverlauf

Höhenprofil

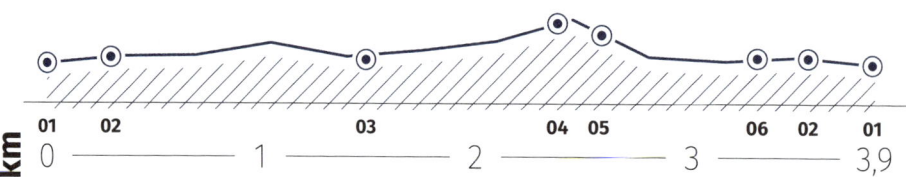

Probier einen „bombón" – das ist ein Espresso der mit Milch und einem Schuss süßer Kondensmilch serviert wird.

Der Name der kleinen Stadt im Nordosten Mallorcas erinnert an das arabische Wort jartan (Garten). Über ihren engen Gassen erhebt sich die Pfarrkirche aus dem 13. Jahrhundert, die eine schöne Kanzel birgt. Nahe dem Museu Regional d'Artà (C/. de l'Estel, 4,) beginnt der 180-Stufen-Treppenaufgang zum befestigten Santuari de Sant Salvador, das wie eine Akropolis über dem Ort thront (herrliche Rundsicht). Die 2 km südlich von Artà gelegene Talaiot-Anlage von Ses Païsses (8. Jahrhundert v. Chr.) zählt zu den am besten erhaltenen der Insel.

▶ Wir starten die Tour beim Parkplatz **01** (Carrer de la Pau, 12, 07570 Artà) und gehen Richtung Stadtzentrum. Vor uns taucht ein kleiner Platz mit dem Gebäude der Guardia

Civil **02** auf. Hier öffnet sich auch schon die Flaniermeile die geradeaus Richtung der Erhebung samt Kirche führt. Mit etwas Glück kommen wir rechtzeitig zum charmanten Flohmarkt, der sich entlang des Weges abspielt. Am Ende des Weges biegen wir links ab und umgehen den Stadthügel. Der kleine Abstecher nördlich **03** aus der Stadt hinaus zahlt sich besonders im Frühling aus. Links und rechts der Straße finden sich bunte Blumen und blühende Mandelbäume. Zurück in Artà nehmen wir die Straße, die hinauf zum Santuario de Sant Salvador **04** führt 📷. Kurz vor der Kirche ist auf der linken Seite eine Höhle, die von Tauben und unzähligen Katzen bewacht wird. Oben angekommen bieten die Aussichtskanzeln einen herrlichen Blick. Elegant geht es die breite Treppe hinunter und an der Kirche Transfiguració del Senyor **05** vorbei. Über die Caja Major gelangen wir wieder fast zum Ausgangspunkt zurück.

Davor geht's aber noch beim alten Bahnhof **06** vorbei; dort beginnt auch die Via Verde, ein Rad- und Wanderweg auf der Trasse einer stillgelegten Bahnstrecke. Auf den letzten Metern zurück kann man in einem der Cafés einen „bombón" probieren: Ein Kaffee, der in Spanien mit Milch und einem Schuss süßer Kondensmilch serviert wird.

Dein Moment für die Ewigkeit

Geplanter Regelbruch

„Wer die Regeln kennt, darf sie brechen." Versucht man normalerweise eine annähernde Drittelung eines Bildes, so wirkt das Bild durch die Teilung in der Mitte. Die Person steht mittig auf der Treppe und vor dem Tor. Der Blickwinkel von weit unten verlängert den Stufenverlauf und gibt dem Bild einen schönen Abschluss.

23 Mallorcas verlorene Strände

Schon am Ausgangspunkt zieht es viele ins türkisblaue Wasser: Die 550 Meter lange Cala Mesquida ist einer der schönsten Sandstrände Mallorcas. Nordwestlich davon reihen sich die „verlorenen Strände" der Halbinsel Llevant aneinander.

Bilder von: **Thomas Kargl**
@maxlsbilderbuch

Die „verlorenen Strände"

Tourencharakter
Lange und landschaftlich beeindruckende Küstenwanderung auf nur mit Steinmännchen markierten, stellenweise felsigen Pfaden und Schotterstraßen.

Start und Ziel
Cala Mesquida nördlich von Capdepera, am Rondell am Ende des C/. de la Esparell. Zufahrt von der Umfahrungsstraße in Capdepera; vom Kreisverkehr an der Ortseinfahrt auf der linken Straße weiter, dann rechts zu den Parkplätzen über dem Meer.

Schwierigkeit: leicht - **mittel** - schwer
Dauer: **4:45 h**
Länge: **16,5 km**
Aufstieg **50 hm**
Abstieg **50 hm**

Höhenlinienmodell mit Streckenverlauf

Höhenprofil

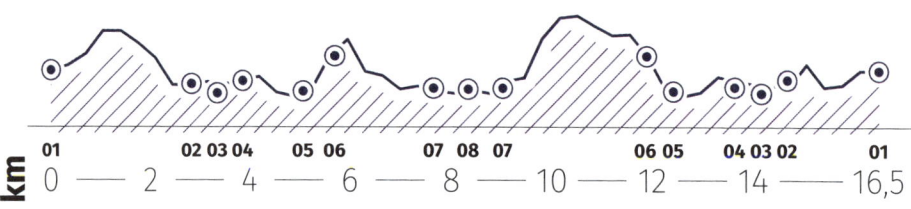

Zeit, Ebbe und Flut warten auf niemanden.

Sprichwort

▶ Vor dem Rondell **01** am Ende des C/. de la Esparell folgen wir links einem schmalen Pfad, der durch den steinigen Küstenhang nach Nordwesten führt (Steinmännchen). Wir queren Gesteinsplatten und eine abschüssige Passage über einer Felsbucht. Nach 500 m passieren wir den Durchlass einer niedrigen Mauer. Von der folgenden Gabelung geht's links auf eine Anhöhe (56 m) über der Punta des Boc.

Dahinter sanft bergab, über einen Rücken und in eine Mulde neben einer Felsbucht hinab. Wir steigen rechts an und gehen auf Felsbändern um eine Kuppe über dem Meer herum. Danach teilt sich der Pfad. Wir bleiben links oben, erreichen eine Mauer und wandern oberhalb von Felsabbrüchen zum 200 m langen Sandstrand der Cala Torta **02** hinunter. Weiter geht's auf Pfadspuren um den westlich aufragenden Begrenzungshügel herum zur Cala Mitjana **03**. Auf einem Fahrweg gelangen wir neben dem 120 m langen Sandstrand zur Einmündung der Zufahrtsstraße und dann geradeaus zur kleinen Cala Estreta **04**. Wo die Fahrbahn links hinaufzieht, gehen wir rechts auf eine Anhöhe, an einem Zaun vorbei und zur Sand- und Kiesbucht Es Matzoc **05** 📷. Jenseits bei den Bäumen beginnt ein breiter Weg zur Torre d'Albarca **06** (67 m).

Wir folgen dem breiten Weg links über die Anhöhe. Nach 30 m, bei den ersten Bäumen. zweigen wir rechts auf einen schlecht sichtbaren Pfad ab, der zur schroffen Küste hinabzieht. Oberhalb davon nach links und neben zerklüfteten Küstenklippen zur Platja de sa Font Celada **07**. Wir queren den Sandstrand und wandern weiter zum Arenalet des Verger **08**. Links oberhalb der Bucht befindet sich das unbewirtschaftete Refugi de s'Arenalet.

Wir gehen wieder zurück zur Platja de sa Font Celada **07**, davor auf der Straße rechts ins Tal und auf eine Anhöhe. Bei der nächsten Abzweigung biegen wir links ab. Nach einem Gatter geht's über einen Höhenrücken zu einer Gabelung. Hier folgen wir links einem breiten Schotterweg zum Torre d'Albarca und von dort zurück zur Bucht Es Matzoc **05** hinunter. Nun am besten auf dem

Zugangsweg zur Cala Estreta **04** und über die Cala Mitjana **03** bis zur Cala Torta **02**. Von dort gehen wir taleinwärts zum Ende der Zufahrtsstraße. Dort beginnt links ein Weg, auf dem wir ansteigen. Oberhalb des Strandes gehen wir auf dem quer verlaufenden Fahrweg links zur nächsten Gabelung und rechts auf der Betontrasse aufwärts. Nach einer scharfen Rechtskurve (kurzer Abkürzungspfad) geht's bergab und von der nächsten Rechtskurve links auf einer schmaleren Schotterstraße auf eine Anhöhe. Rechts bergab und am obersten Haus vorbei kommen wir zu einem Trafohäuschen. Auf der linken Asphaltfahrbahn über eine Querstraße hinab geht es zurück nach Cala Mesquida **01**.

Dein Moment für die Ewigkeit

Unser Coverbild

... von Thomas Kargl ist in vielerlei Hinsicht perfekt. Es fesselt mit einer perfekten Bildkomposition, einer wunderschönen Aufteilung und einer atemberaubenden Inszenierung der Kulisse. Orientiere dich an Bildern, die dir gefallen und versuche zu analysieren, welche Elemente dir gefallen. Von den Besten lernt man auch am schnellsten.

24 Auf Sand gebaut

Die Talaia de Son Jaumell ist eines der beliebtesten Wanderziele im Nordosten Mallorcas. Rund um den halb verfallenen Seeräuber-Wachturm auf dem 273 m hohen Berg Es Telégraf genießt man eine prachtvolle Rundsicht.

Bilder von: **Thomas Kargl @maxlsbilderbuch**

Zur Talaia de Son Jaumell

Tourencharakter
Bergwanderung auf breiten Wegen und schmalen, an kurzen Stellen sehr steilen und steinigen Pfaden, die Trittsicherheit und Orientierungsvermögen erfordern (stellenweise Wegweiser und Farbzeichen).

Start und Ziel
Cala Mesquida; Zufahrt siehe Tour 23. Vom Kreisverkehr an der Ortseinfahrt rechts (Wegweiser „Cala Mesquida") zu den Parkplätzen hinter dem Sandstrand.

Schwierigkeit: leicht - **mittel** - schwer
Dauer: **3:45 h**
Länge: **10,5 km**
Aufstieg **280 hm**
Abstieg **280 hm**

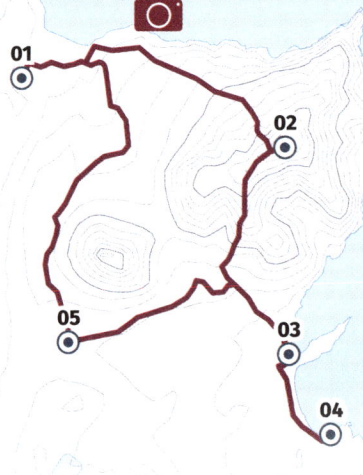

Höhenlinienmodell mit Streckenverlauf

Höhenprofil

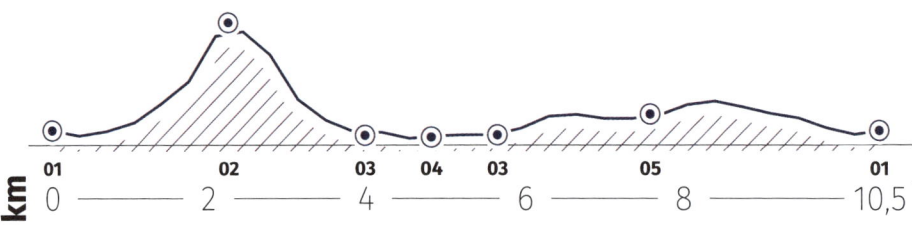

Je kleiner das Sandkörnlein ist, desto sicherer hält es sich für den Mittelpunkt der Welt.

Marie von
Ebner-Eschenbach
(1830–1916)

▶ Vom Parkplatz **01** gehen wir kurz zurück und geradeaus auf der Strandpromenade Richtung Meer. 200 m vor dem Strand zweigen wir rechts ab und wandern auf einem Holzsteg durch die Sanddünen zum östlichen Rand des Strandes. Nach einem kurzen Anstieg zur Lücke in einer alten Steinmauer. Dahinter führt der Weg Richtung Cala Agulla/Cala Rajada nach rechts, wir bleiben jedoch geradeaus und wandern auf dem mit Nr. 2 beschilderten Pfad oberhalb der Felsküste auf den Bergrücken mit dem Wachturm zu **◯**. Zuletzt sehr steil (rutschig!) auf den mit Gras bewachsenen Bergrücken Es Telégraf und dort links zum halb verfallenen Wachturm Talaia de Son Jaumell **02** (273 m).

Zurück über den Kamm, bei der Abzweigung geradeaus weiter und dann links in den Kiefernwald hinab. Dort zum Weg von der Cala Mesquida zur Cala Agulla, dem wir links folgen. Es lohnt sich links der kurze Abstecher zur kleinen Cala Moltó **03**. Geradeaus gelangt man zu einem Bootsschuppen gegenüber einem Ferienhaus, hinter dem der Sandstrand der Cala Agulla **04** liegt. Auf dem Schotterweg wieder zurück Richtung Cala Mesquida. Den Felskegel des Puig de s'Àguila werden wir nun links im weiten Bogen umrunden. Dazu zweigen wir etwa 600 m nach dem Tor im bewaldetem Gelände bei einem kleinen Steinhaufen auf einen breiten, erdigen Weg ab. Bei einem alten Kalkofen rechts weiter,

bei der folgenden Gabelung links abzweigen und über eine Brandschutzschneise. Nach einem sanften Anstieg passieren wir einen weiteren Kalkofen, dann steigen wir steiler zu einer Anhöhe an. Danach durch Sand zu einer Wegkreuzung neben einem gemauerten Wasserbecken **05**, von der wir rechts abbiegen.

Stets geradeaus bleibend erreichen wir wieder den breiten Weg, der von der Cala Agulla zur Cala Mesquida herüberzieht. Wir folgen ihm nach links (wobei wir den schmalen Pfad, der gleich darauf links bergab führt, ignorieren). Nach der Überquerung der nächsten Wegkreuzung gelangen wir im sanften Abstieg zur verfallenen Mauer, neben der wir oberhalb der Cala Mesquida die Aufstiegsroute zur Talaia de Son Jaumell wieder erreichen. Links auf dem Holzsteg zurück zum Ausgangspunkt **01**.

Dein Moment für die Ewigkeit

Weißabgleich

Damit der blau-violette Farbton der Dämmerung erhalten bleibt ist der richtige Weißabgleich wichtig. In den meisten Situationen leistet der automatische Weißabgleich sehr gute Dienste. In schwierigen Lichtsituationen kann das danebengehen. Deshalb solltest du immer im RAW-Format fotografieren. So kannst du später bei der Bildbearbeitung noch den richtigen Weißabgleich setzen.

25 Rummel & Ruhe

Die Punta de n'Amer ist eine zwei Kilometer lange Halbinsel zwischen Cala Millor und Sa Coma. Rund um ihre kleine Festung (Baujahr 1696) entdeckt man eine fast unberührte Wald- und Dünenlandschaft, raue Uferfelsen und alte Steinbrüche.

Bilder von: **Thomas Kargl**
@maxlsbilderbuch

Castell de n'Amer

Tourencharakter
Wanderung auf Schotterstraßen, Sandwegen und schmalen, verzweigten Pfaden im steinigen Gelände.

Start und Ziel
Cala Millor. Zufahrt vom Kreisverkehr nahe Km 7 auf den Camí de Son Morro Vell zu den Hotels im Süden des Ortes, Beschilderung „Es Castell, Punta de n'Amer" rechts am Hotel Bahia Grande vorbei, Parkplätze am Straßenende. Bus von Palma (Linie 412).

Schwierigkeit: **leicht** - mittel - schwer
Dauer: **1:45 h**
Länge: **5,5 km**
Aufstieg **30 hm**
Abstieg **30 hm**

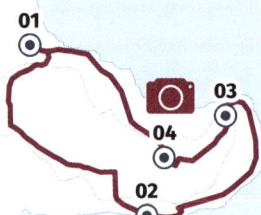

Höhenlinienmodell mit Streckenverlauf

Höhenprofil

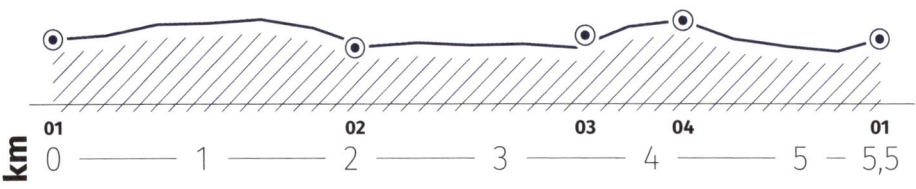

Vereinte Macht bricht Burg und Strom.

Sprichwort

▶ Von der Infotafel beim Straßenkreisel **01** folgen wir dem breiten Weg Richtung Punta de n'Amer. Nach einigen Schritten zweigen wir rechts auf einen breiten Sandweg ab und wandern im sanften Anstieg zwischen Kiefern und Macchie ins Dünengebiet.

Kurz darauf geht's rechts zu einem einmündenden Weg, dem wir kurz nach rechts folgen. Dann scharf links abzweigen und auf einem flachen, aber etwas mühsam zu be-

gehenden Sandweg zu einer Kreuzung. Geradeaus in den Wald und bei den folgenden Abzweigungen stets auf der Haupttrasse bleiben. Der Weg verbreitert sich und führt sanft bergab, bis rechts unten eine Lichtung sichtbar wird. Bei der dortigen Wegteilung kommen wir geradeaus zu einer Schotterstraße, die von Sa Coma herüberführt. Auf dieser gehen wir nur wenige Schritte nach rechts, bis sich links eine weite freie Fläche öffnet. Dort biegen wir links ab und wan-

dern auf einem breiten Weg ungefähr 250 m dem Waldrand entlang zur Südküste **02** der Halbinsel. Am unteren Rand des großen Feldes – kurz vor dem Meer – nach links und durch eine Mauerbresche nahe einem alten Bunker. Dahinter auf einem schmalen Waldpfad nach rechts und sanft bergauf. Bald wird das Castell de sa Punta de n'Amer sichtbar. Wir wandern nun etwa 2 km oberhalb der Felsküste dahin und um die Spitze der Punta de n'Amer herum. Links gelangt man auf verzweigten Pfadspuren zur weit-

hin sichtbaren Vermessungssäule auf dem höchsten Punkt der Landspitze **03** (31 m). Von dort führt ein Pfad zu einem breiten Weg, der rechts zum Castell de sa Punta de n'Amer **04** 📷 hinüberzieht.

Für den Rückweg nehmen wir den Fahrweg, der rechts (nach Nordwesten) zur felsigen Nordküste der Halbinsel hinabführt. Neben dem Meer gelangen wir zu den ersten Hotels von Cala Millor und damit zum Startpunkt **01**.

Dein Moment für die Ewigkeit

Geschichte fotografieren

Mit deiner Kamera bist du an spektakulären Orten unterwegs. Oft haben diese eine interessante Geschichte, die du neben dem Foto mit nach Hause nehmen kannst. Das Castell de sa Punta de n'Amer ist ein Wehrturm aus dem 17. Jahrhundert. Er wurde gebaut um zu beobachten und sich gegen Seeräuberangriffe zu verteidigen.

26 Karibik alpin

Von den 22 Buchten und Stränden, die zum
Gebiet der Stadt Manacor gehören, blieben
erstaunlich viele bis heute unberührt.

Bilder von: **Makeila Lundy**
@makeilalundy

Cala Varques - Cala Magraner

Tourencharakter
Sehr lange und anspruchsvolle Küstentour in weglosem Gras- und Felsgelände; kurze Kletterpassagen und scharf verwittertes Gestein erfordern Spürsinn, Trittsicherheit und Schwindelfreiheit.

Start und Ziel
Im Urlaubsort Cala Romàntica (S'Estany d'en Mas) südöstlich von Manacor. Zufahrt von der Ma-4014 bei Km 10,8; Parkplatz vor dem Strand. Rückfahrt von Cales de Mallorca am besten per Taxi.

Schwierigkeit: leicht - mittel - **schwer**
Dauer: **5:00 h**
Länge: **10,6 km**
Aufstieg **30 hm**
Abstieg **30 hm**

Höhenlinienmodell mit Streckenverlauf

Höhenprofil

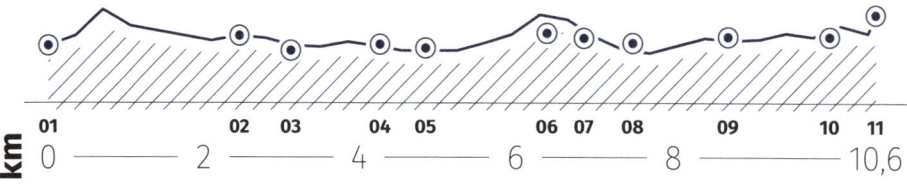

▶ Der Strand der Cala Romàntica **01** wird auf der rechten (südlichen) Seite von teils überhängenden Felsen begrenzt. Die einzige Durchstiegsmöglichkeit besteht 50 m vor dem Meer auf Pfadspuren durch Gebüsch zu einem 5 m hohen Aufschwung (Felsstufen, ausgehauene Tritte). Oberhalb der Abbrüche gehen wir scharf nach links auf das Meer zu. Kurz davor nach rechts zu einem kleinen Mauerrest am Rand der Steilküste, dort nach rechts und neben der Steilküste weiter. Nach einer Grotte halten wir uns rechts auf einem breiten Weg 50 m landeinwärts und biegen dann bei einem Steinmännchen links auf einen Pfad ab und zu einem weiteren Fahrweg. Auf ihm geradeaus Richtung Meer in ein umzäuntes Grundstück, das durch ein Tor wieder verlassen wird. Oberhalb der Cala Falcó über Felsstufen auf ein Band und rechts zum kleinen Sandstrand. Jenseits über gestuftes Gestein aufwärts und neben der Küste

weiter, bis sich der Einbruchskessel mit der Felsbrücke der Cova des Pont **02** öffnet ⬛ . Rechts daran vorbei zur felsigen Minibucht Caló Blanc, an dem man rechts auf einem Felsband vorbeigeht. Rechts über scharfkantiges Gestein hinauf, links an einer Mauer vorbei (Felsabbrüche!) und zum Sandstrand der Cala Varques **03** hinab.

Dein Moment für die Ewigkeit

Zur richtigen Zeit am richtigen Ort

Die Überschrift verrät zwei der wichtigsten Faktoren für ein gelungenes Foto. Jeder Ort hat dabei seine Besonderheiten was die Zeit betrifft. Das kann sowohl die Tageszeit, als auch die Jahreszeit sein. Besonders beliebt sind in diesem Zusammenhang natürlich Sonnenaufgangs- und Sonnenuntergansmotive, aber auch die "blaue Stunde".

Ich liebe das Meer wie meine Seele,
denn das Meer ist meine Seele.

Heinrich Heine (1797–1856)

Der Weiterweg entlang der Steilküste bis zur Feriensiedlung Cales de Mallorca darf nur von erfahrenen Wanderern, die sich auch im unwegsamen und unmarkierten Gelände zurechtfinden, begangen werden! Man wandert dabei an der nahen Halbinsel der Punta de Llevant vorbei zur schmalen Cala Enganapastor und weiter zur Cala Sequer **04**. Oberhalb davon steht ein großes

Gebäude mit Palmen – der Pfad dorthin ist gesperrt; man umgeht das Anwesen also links, direkt über dem Meer.

Vorbei am winzigen Sandstrand des Caló des Serral **05** gelangt man zum Felsvorsprung der Punta des Moro, von dem man oberhalb der tief eingeschnittenen Cala Magraner landeinwärts geht, bis man nach

etwa 500 m links hinabklettern kann. Von der Cala Magraner **06** geht's über einen Rücken zur Cala Pilota **07** hinüber.

Die folgenden Etappenziele, die Cala Virgili **08** und die Cala Bóta **09**, werden auf sehr verschlungenen Pfaden und Schotterstraßen-Abschnitten erreicht. Von dort geht's über eine 2 m hohe Felsstufe (Seil) empor und oberhalb des Caló des Soldat vorbei und auf luftigen Felsbändern um den Racó de sa Cova Blanca herum. Von der so erreichten Cala Antena **10** gelangt man über eine Treppe zur Feriensiedlung Cales de Mallorca **11** hinauf (Bushaltestelle links vor dem mittlerweile geschlossenen Hotel Sol Mastines, Taxistand am Passeig de Manacor).

27 Mallorca für Individualisten

Mallorcas Ostküste weist viele Naturattraktionen auf, etwa den fotogenen Felsbogen Es Pontas bei Cala Santanyí oder die Felsbucht von s'Almunia, deren Fischerhäuschen so manches Mallorca-Kalenderblatt zieren.

Bilder von: Thomas Kargl
@maxlsbilderbuch

Cala s'Almunia – Caló des Màrmols

Tourencharakter
Eindrucksvolle Küstenwanderung auf schmalen, stellenweise felsigen Pfaden.

Start und Ziel
Cala Llombards an der Südostküste, Siedlung Sa Comuna oberhalb der Cala s'Almunia im Süden des Ortes. Zufahrt von Es Llombards oder von der Ma-6100 südwestlich von Santanyí zum Schotter-Parkplatz. Bus von Santanyí bzw. Cala Llombards (Linie 517).

Schwierigkeit: leicht - **mittel** - schwer
Dauer: **3:30 h**
Länge: **9,7 km**
Aufstieg **30 hm**
Abstieg **30 hm**

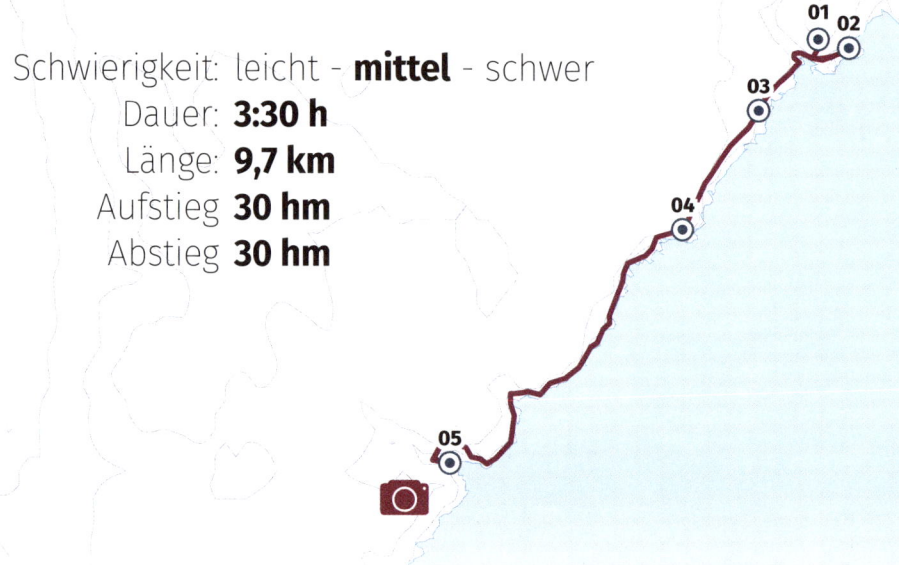

Höhenlinienmodell mit Streckenverlauf

Höhenprofil

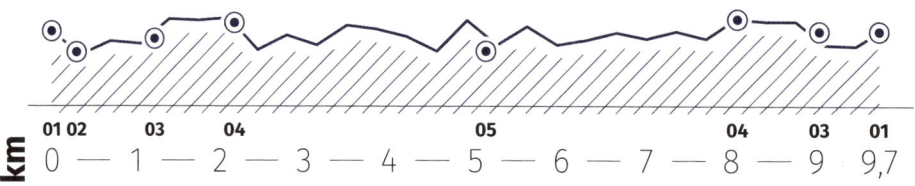

You can't stop the waves, but
you can learn to surf.

Jon Kabat-Zinn, US-amerikanischer Mediziner

▶ Von den Häusern oberhalb der Cala s'Almunia **01** führt links eine steile Treppe zum Meer hinunter. Unten bei den malerischen Fischerhütten lohnt sich ein 10-Minuten-Abstecher nach links. Ein Pfad führt über eine kleine Hochfläche und einen steilen Felshang zum Sandstrand des Caló des Moro **02**, der von schroffen Felsen eingefasst wird. Zurück zu den Fischerhütten und weiter neben der Felsküste zum winzigen Sandstrand der Cala s'Almunia **03**.

Im Graben, der dort einmündet, folgen wir einem schmalen Pfad durch dichtes Gebüsch und bald nach links, wo wir auf Felsstufen in freieres Gelände ansteigen. Links geht's hinunter in den breiten Graben nahe einer Geröllbucht. Dort erreicht man einen breiten Weg, der rechts auf eine kleine Anhöhe führt. Links auf einen schmaleren Pfad zum Meer abzweigen, über einen flachen Graben und zwischen Gebüsch zur Oberkante der Felsküste empor; in dieser „Dschungelpassage" müssen wir eine kleine Steilstufe erklimmen. Dann führt der flache Pfad neben den Klippen dahin, vorbei an der Einmündung eines breiten Weges. Links unten sieht man alte Steinbrüche und eine natürliche Felsbrücke, rechts tritt hinter weiten Wiesen das Gehöft Torre de s'Almunia ins Blickfeld. Nach etwa 45 Minuten stehen wir vor dem aus riesigen Steinen gefügten Mauerrest eines Talaiots aus der Bronzezeit.

Dahinter erreichen wir ein kleines Haus über den Klippen der Punta des Bauç **04**. Geradeaus geht's auf dem Pfad neben der Steilküste weiter; zwei einmündende Wege werden ignoriert. Nach einer Mauer wandert man durch eine flache, bewachsene Mulde und umrundet einen Graben (verzweigte Pfadspuren, Steinmännchen führen wieder zur Küste). Durch eine Mauerbresche und rechts an einem kleinen, weißen Rundturm vor der Cala Figuereta vorbei. Abseits dieser Felsbucht geht's sanft ansteigend landeinwärts, bis man nach einem kleinen Graben links auf einem quer verlaufenden Weg weiterwandert. Wo er sich verzweigt, bleiben wir besser rechts und gehen im Graben hinter der Bucht zu einer alten Mauer (Bresche). Dahinter kurz über einige Felsstufen zum Bachbett hinab und jenseits neben dem Torrent Richtung Meer zurück. Bald erreichen wir einen weiteren Querweg, dem wir links zum Caló des Màrmols folgen. Bei einer Gabelung knapp vor der tief eingeschnittenen Bucht zweigen wir rechts ab.

Nach ein paar Metern mündet von rechts ein alter Fahrweg ein, dort folgen wir links weiter dem Pfad, der etwas ansteigt, an einer Hüttenruine vorbeiführt und im sanften Auf und Ab zu einem Fahrweg leitet. Auf diesem gehen wir links steil durch den Graben zu seinem nahen Ende hinab und rechts über eine Felsplattform zum 25 m langen Sandstrand des Caló des Màrmols **05** 📷. Der Rückweg erfolgt auf derselben Route.

Dein Moment für die Ewigkeit

Heb dich ab!

Du willst ein einzigartiges Bild schießen, das sich von anderen Darstellungen abhebt? Dann mach das auch mit deinem Motiv. Nutze klare Kontraste, um dein Motiv vom Hintergrund abzuheben. Achte dabei auf einen harmonischen, einheitlichen Hintergrund. Das kann ein dahinterliegender See, eine Wolkendecke oder der Horizont sein

28 Steiniger „Südpol“

Verirren kann man sich auf dieser Strandwanderung nach Colònia de Sant Jordi – vorbei an einigen fast karibisch anmutenden Buchten – kaum: Zwischen dem Meer und einem durchgehenden Zaun bleibt nicht viel Platz.

Bilder von: **Thomas Kargl**
@maxlsbilderbuch

Zur „Schneckenbucht" am Südkap

05

Tourencharakter
Lange Strandwanderung auf flachen, sandigen Pfaden. Unterwegs keine Einkehrmöglichkeit.

04

Start und Ziel
Cap de ses Salines an der Südspitze Mallorcas. Zufahrt auf der Ma-6110, die zwischen Ses Salines und Llombards von der Ma-6100 abzweigt; parken am Straßenende beim Leuchtturm. Rückfahrt eventuell per Taxi.

Schwierigkeit: **leicht** - mittel - schwer
Dauer: **5:00 h**
03 Länge: **19,3 km**
Aufstieg **15 hm**
Abstieg **15 hm**

02

01

Höhenlinienmodell mit Streckenverlauf

Höhenprofil

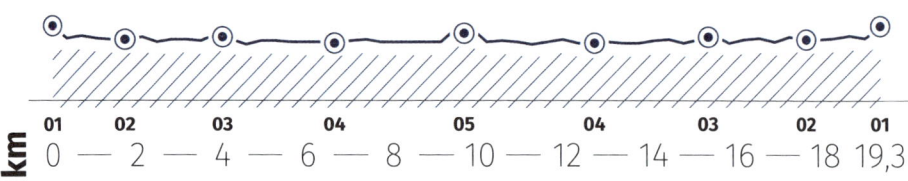

| 01 | 02 | 03 | 04 | 05 | 04 | 03 | 02 | 01 |
km 0 — 2 — 4 — 6 — 8 — 10 — 12 — 14 — 16 — 18 19,3

Die Freiheit ist wie das Meer: Die einzelnen Wogen vermögen nicht viel, aber die Kraft der Brandung ist unwiderstehlich.

Václav Havel (1936–2011)

▶ Beim geschlossenen Tor vor dem Leuchtturm **01** und dem Gebäude des Küstenforschungsinstituts am Cap de ses Salines führt rechts ein schmaler Weg neben der Mauer zur nahen Küste, an der eine kleine „Armee" von Steinmännchen steht. Dort nach rechts und auf einem sandigen, teils auch steinigen Pfad zwischen dem Meer und einem Begrenzungszaun weiter. Vorbei an vom Wind verformten Büschen des Phönizischen Wacholders und einer Mauer erreichen wir die Landzunge der Punta Negra (Fischerhütte). Dahinter liegt der 500 m lange Sandstrand der Platja des Caragol **02**, der „Schneckenbucht". Ein Traumplatz mit schöner Sicht zur Insel Cabrera!

Weiter geht's in nordwestliche Richtung. Nach einem Mauerdurchlass informiert eine Tafel über die Cala en Tugores, zu der wir nun weiterwandern. Der breite Weg verengt sich bald zu einem Pfad, der weiterhin neben dem Meer und dem Zaun dahinführt, vorbei an zwei kleinen Buchten und einigen Betonbunkern aus der Zeit des Spanischen Bürgerkriegs. Nach etwa 45 Minuten umrunden wir die 250 m lange Bucht der Cala en Tugores **03**, die ein meterhoher Wall von Poseidongras säumt.

Vor einem Tor gehen wir nach links und gleich wieder rechts auf dem nun recht steinigen Küstenpfad weiter. Nach ca. 40 Minuten erreichen wir den mehr als 1,4 km langen, feinsandigen Strand der Platja de ses Roquetes **04** und der Platja des Carbó, vor denen zwei kleine Inseln liegen. Vorbei an einem Strandhaus wandern wir auf dem Pfad zu den nahen Sandstränden Es Dofi, Can Curt und zur Platja Es Dolç vor der die kleine Felsinsel Na Guardis liegt. Dort entdeckte man Reste eines punischen Stützpunkts aus dem 4. Jahrhundert v. Chr.

Auf einem Promenadenweg geht man zuletzt zum Sandstrand Es Port, der sich an den Hafen von Colònia de Sant Jordi **05** **◉** anschließt. Rückweg auf derselben Route oder mit dem Taxi.

Dein Moment für die Ewigkeit

Hoch oder quer?

Ausschlaggebend ob man ein Bild als Hochformat oder Querformat anlegt ist das Motiv das man zeigen will und die Verwendung des Bildes. Das Format dient als Bilderrahmen, in dem wir die Realität einfangen. Fotografiere ein Motiv in beiden Formaten und vergleiche das Ergebnis. So wird schnell klar, was sich besser anbietet.

29 Südseeträume im Mittelmeer

Der Sandstreifen des Arenal de sa Ràpita und der Platja des Trenc zählen zu den längsten noch unverbauten Badeparadiesen Mallorcas. Dies verdanken sie dem vehementen Engagement von Naturschützern.

Bilder von: **Thomas Kargl**
@maxlsbilderbuch

Der berühmte Sandstrand Es Trenc

Tourencharakter
Wanderung an langen Sandstränden und entlang der flachen Felsküste. Strandbars an der Platja des Trenc.

Start und Ziel
Am Ostrand von Sa Ràpita an der Südküste. Zufahrt von Campos auf der Ma-6030; Parkplatz beim Club Nautic oder neben den Seitenstraßen. Bus (Linien 518, 501 Campos – Sa Ràpita – Llucmajor).

01

02

03

Schwierigkeit: **leicht** - mittel - schwer
Dauer: **3:15 h**
Länge: **13,7 km**
Aufstieg **10 hm**
Abstieg **10 hm**

04

Höhenlinienmodell mit Streckenverlauf

Höhenprofil

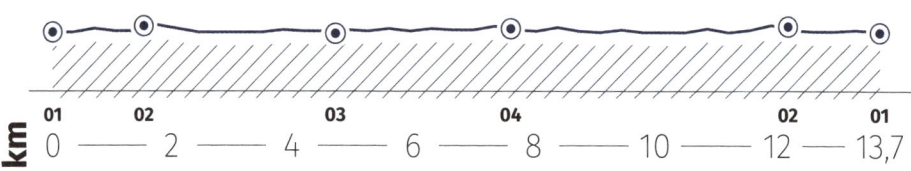

01	02	03	04	02	01
km 0 — 2 — 4 — 6 — 8 — 10 — 12 — 13,7

Der Geist taucht unter in der Jugend als in einem Meer.

Bettina von Arnim (1785–1859)

▶ Vor der Brücke am östlichen Ortsrand von Sa Ràpita **01** gehen wir rechts neben dem Torrent zum Sandstrand des Arenal de sa Ràpita. Wir wandern neben dem Meer weiter, vorbei an einem Restaurant und zwei Bunkern (bis zum Restaurant gelangt man auch auf einem Fahrweg zwischen den Dünen). Nach etwa 1 km erreichen wir die kleine Siedlung Ses Covetes **02**.

Der C/. des Murters führt dort an Bars vorbei zur Bushaltestelle und zu einer links einmündenden Zufahrtsstraße, von der man nach wenigen Schritten rechts zur Platja des Trenc abzweigt 📷. Man kann die Tour nun über den mehr als 2,6 km langen Sandstrand bis nach Colònia de Sant Jordi fort-

setzen. 40 Minuten ab Ses Covetes erreicht man – vorbei an einigen weiteren Bunkern – ein Restaurant und ein Pumpenhaus, von dem sich ein Abstecher landeinwärts zu den Salzseen des Salobrar des Campos **03** lohnt. Auch die anschließende, flach-felsige Küstenstrecke ist sehr schön. Sie führt zunächst zur „Doppelbucht" vor der kleinen Insel Gavina. Doch Vorsicht! Die einladenden Sandstrände Es Peregons Petits und Es Peregons Grans zählen jedoch wegen der hier vorherrschenden, unberechenbaren Meeresströmung zu den gefährlichsten der Insel! Weiter geht's zu den heute noch genutzten Salines de s'Avall und zu den Hotels von Colònia de Sant Jordi **04**. Der Rückweg nach Sa Ràpita **01** erfolgt auf der selben Route.

Dein Moment für die Ewigkeit

Fokusspiel

Die verschwommenen Elemente im Vordergrund geben dem Bild einen Farbkontrast und lenken den Blick auf das auf dem türkisen Wasser treibende Schiff. Solche Spielereien machen nicht nur Spaß, sondern kreieren interessante Bilder mit besonderem Ausdruck.

30 Fjordwandern unter südlicher Sonne

Die Cala Pi ist ein Musterbeispiel für die tief eingeschnittenen „Fjorde" an der Süd- und Ostküste Mallorcas. Am Beginn der Tour steht ein runder Wachturm aus dem Jahre 1451, am Umkehrpunkt ein weiterer „Piratenturm".

Bilder von: **Thomas Kargl**
@maxlsbilderbuch

Von der Cala Pi zum Cap Blanc

Tourencharakter
Küstenwanderung auf Pfaden und kurz auch im weglosen Felsgelände. Besondere Vorsicht ist neben den Abstürzen der Steilküste geboten!

Start und Ziel
Im kleinen Ferienort Cala Pi an der Südküste. Zufahrt von Llucmajor; nach dem Hotel Cala Pi Club rechts und beim Kreisverkehr links zu den beschilderten Parkplätzen. Bus von Palma über Llucmaayor (Linie 502, 519d).

Schwierigkeit: leicht - **mittel** - schwer
Dauer: **3:30 h**
Länge: **11,3 km**
Aufstieg **50 hm**
Abstieg **50 hm**

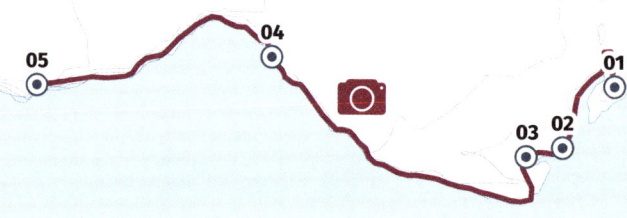

Höhenlinienmodell mit Streckenverlauf

Höhenprofil

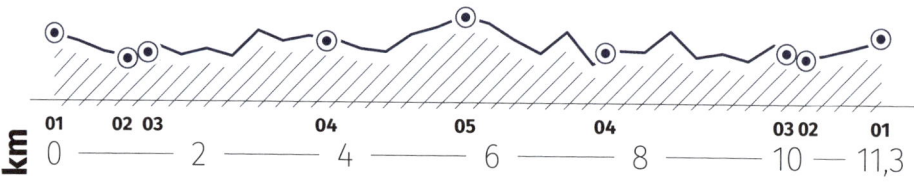

Die wahre Entdeckungsreise besteht nicht darin, dass man neue Landschaften sucht, sondern dass man mit neuen Augen sieht.

Norwegisches Sprichwort

▶ Vom Parkplatz in Cala Pi **01** geht's zurück zum Kreisverkehr, links beim Wegweiser „Platja" zum Restaurant Cal Reiet und rechts daran vorbei. Dort zweigt man rechts (Wegweiser „Platja") auf einen Pflasterweg zum Restaurant El Mirador de Cala Pi ab. Eine Treppe führt hinunter zum Sandstrand der Cala Pi **02**.

Jenseits gehen wir nach links und nahe am Wasser vor den Toren des Bootshauses vorbei. Dahinter führen rechts steile Stufen empor, am flachen Dach vorbei und durch die Felsflanke, anschließend nach links und dann steigen wir rechts wieder auf Stufen

zur Oberkante über der Bucht an. Dort halten wir uns nach links und auf einem breiten Weg auf das Meer zu. Hier zweigen wir links auf einen Pfad ab und über einen Graben und durch eine Mauerbresche. Dann geht's eben neben den Felsabbrüchen weiter und rechts zu einer Gabelung. Wir bleiben auf dem rechten (oberen) Pfad; bei zwei Abzweigungen jeweils links weiter. So gelangen wir zu einem quer verlaufenden Weg oberhalb der Cala de Beltràn **03**, die wir nach rechts umgehen. Nach einer verfallenen Mauer biegen wir links auf einen ebenen Fahrweg ab, der rechts in den benachbarten Graben führt. Dort zweigt bei einem

Steinmännchen links ein Pfad ab, auf dem wir einige Schritte in die Talsohle absteigen. Nach einem ebenso kurzen Anstieg erreichen wir einen quer verlaufenden Pfad, auf dem wir links wieder Richtung Meer weiterwandern. Die Trasse verzweigt sich und führt durch sanft ansteigendes, unübersichtliches Buschgelände (umgestürzte Bäume, Steinmännchen beachten). Schließlich geht's zur Felsküste an der Punta de Capocorb hinab. Dort wenden wir uns nach rechts und folgen den Steinmännchen durch das flache, aber weglose, sehr steinige und zerklüftete Gelände nach Nordwesten 📷. Nach etwa 45 Minuten wird der Wachturm über dem Cap Blanc sichtbar. Bald darauf verschmälert sich die Terrasse, während rechts daneben gestufte Felsen emporragen. Die Route steigt oberhalb dieser

Abbrüche an. Wo die Vegetation sehr dicht wird, weicht man rechts zu einer breiten Kiesstraße aus. Wir folgen ihr 100 m nach links, bis ein Steinpfeil links die Fortsetzung des Küstenpfades anzeigt. Er führt zu einem runden Hirtenunterstand und einer Hüttenruine. Das Gelände wird flach und steppenartig über der Felsbucht Es Carril **04**.

Unter Kiefern ansteigend erreichen wir eine Mauer mit einem Drahtzaun (verblasstes Schild „Zona Militar"). Ein Durchlass führt ins längst vom Militär verlassene Gelände über den Cap Blanc **05** (70 m), in dem der 300 m entfernte Torre de Cap Blanc steht. Der hoch gelegene Eingang des Wachturms ist auf einer Eisenleiter erreichbar. Der Rückweg erfolgt auf derselben Route.

Dein Moment für die Ewigkeit

Fotografieren in der Dämmerung

Die Sonne ist schon untergegangen und du hast immer weniger Licht zur Verfügung. Damit deine Bilder immer noch scharf und nicht verwackelt sind, hast du mehrere Stellschrauben: ISO erhöhen, Blende öffnen oder Belichtungszeit erhöhen und ein Stativ verwenden. Es liegt an dir, den perfekten Mix daraus zu wählen.

Wanderlexikon

Alles eine Frage des Verständnisses: Eine kurze Erklärung der wichtigsten Grundbegriffe rund ums Wandern und Bergsteigen.

Schwierigkeit: Die Einteilung erfolgt nach der Länge, der zu leistenden Höhenmeter und den technischen Ansprüchen der Tour.

Leicht: Einfache Wanderungen ohne besondere Anforderungen und nötige Vorkenntnisse.

Mittel: Wanderungen mit zum Teil steilen Anstiegen oder kurzen ausgesetzten Stellen. Schlüsselstellen und Schwierigkeiten werden im Tourencharakter beschrieben. Eine grundlegende Ausdauer und Wandererfahrung ist vorausgesetzt.

Schwer: Lange und/oder anspruchsvolle Wanderungen oder Bergtouren. Die Tour kann über steile und ausgesetzte Pfade führen. Gute Kondition, Trittsicherheit und

Schwindelfreiheit sind je nach Charakter der Tour erforderlich.

Leichte Kletterei: Schwindelfreiheit und feste Bergschuhe sind erforderlich. Diese Passagen sind nur unter Zuhilfenahme der Hände zu bewerkstelligen.

Seilversichert: Schlüsselstellen sind mit (zumeist) verankerten Stahlseilen gesichert.

Markierter Wanderweg: Ausgeschilderter und zumeist nummerierter Wanderweg. Die Wegenummern werden in der Tourenbeschreibung und in der Karte aufgegriffen.

Variante: Vorschlag die Tour zu erweitern oder ein alternativer Routenverlauf.

Weiter wandern

Auf den Geschmack gekommen? Mallorca bietet ein wahres Füllhorn attraktiver
Spaziergänge, Wanderungen und Touren. Hier findest du nützliche Infos und Adressen.

KOMPASS-Wanderkarten

Wanderkarte 230 Mallorca, 1:75.000
Wanderkarten Set 2230 Mallorca, 1:35.000

KOMPASS-Wanderführer

Wanderführer 5911 Mallorca

Touristische Informationen

Turisme Illes Balears
Calle Rita Levi s/n
07121 Palma
Spanien
www.illesbalears.es

www.fomentmallorca.org
www.infomallorca.net

Deutschsprachige Medien auf Mallorca
www.mallorcamagazin.de
www.mallorcazeitung.com
www.inselradio.com

Deine Orientierung

Für das Navigationsgerät deiner Wahl haben wir alle Touren als GPX-Track zum Download.

Du planst und navigierst lieber digital? Dafür haben wir alle Touren auf unserer Webseite für dich.

www.kompass.de/gpx

Damit kommst du direkt zum Download-Bereich. Einfach das richtige Produkt auswählen, herunterladen und auf das Zielgerät oder in die gewünschte App importieren.

GPX-Track

GPX ist ein Datenformat für Geodaten. Mit einem GPX-Track bekommst du die rote Linie, also den Pfad, als geografische Koordinaten.

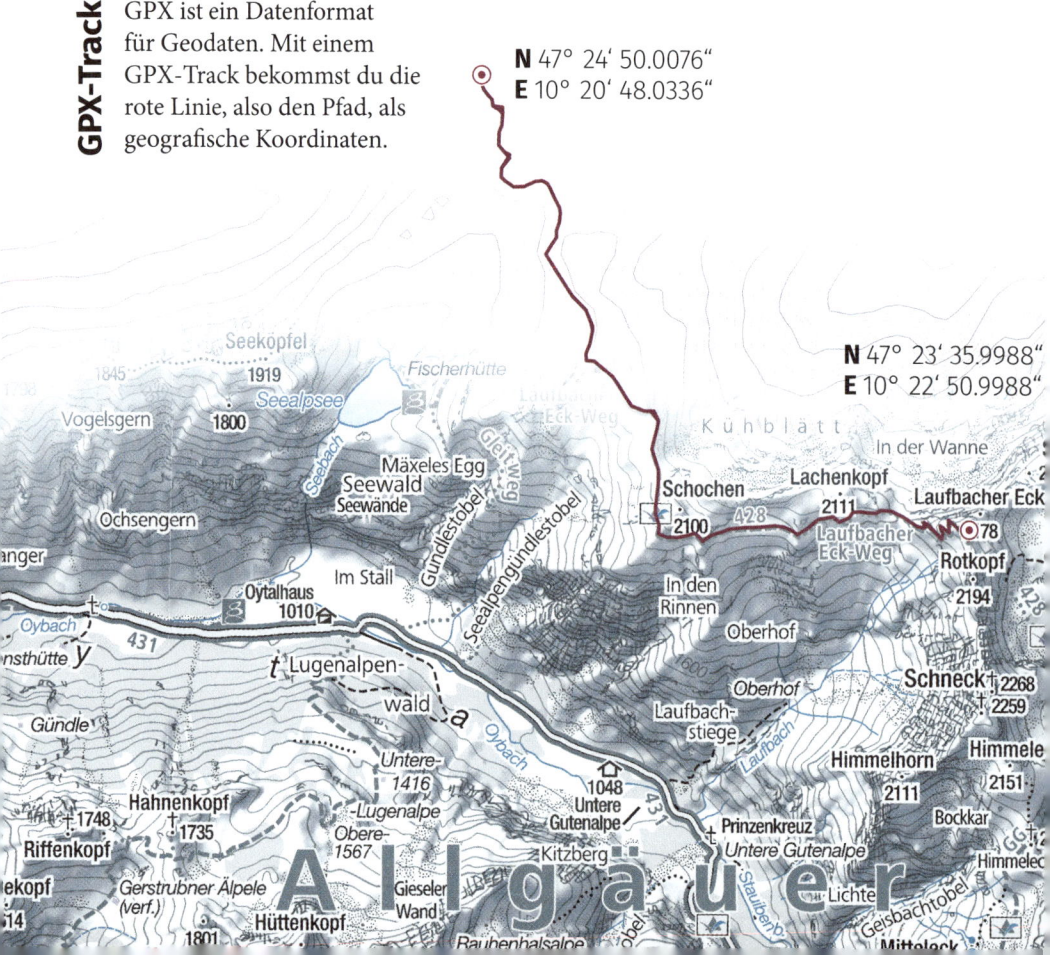

Impressum

© KOMPASS-Karten GmbH, Karl-Kapferer-Straße 5, A-6020 Innsbruck
1. Auflage 2022 (22.01)   Verlagsnummer 1313
ISBN 978-3-99121-527-1

Konzept und Bildnachweis

Konzept und Gestaltung: Thomas Kargl
Projektleitung: Miriam Weber und Julia Flory
Text und Fotos (sowcit nicht anders angegeben): KOMPASS-Karten
Titelbild: Halbinsel Llevant von Thomas Kargl
Grafische Herstellung: KOMPASS-Karten
Bildnachweis aufgelistet mit der Seitenzahl nach Fotografen:
Thomas Kargl: 1, 4/5, 19, 25, 88–111, 120–179, 188–211, 213, 215; Makeila Lundy: 2/3, 18, 76–81, 112–119, 180–187, 212, Cover Rückseite; Wolfgang Heitzmann: 19; Fabian Künzel (†): 21, 22; Irina Mituca: 28–39; Sebastian Weingart: 40–51; Wilma Pols: 18, 52–75, 82–87, 212/213;

Erzähl uns von deinen Abenteuern auf Instagram und Facebook mit:

#folgedeinemKOMPASS

*#folgedeinem**KOMPASS***